潜入 旧統一教会

「解散命令請求」取材NG最深部の全貌

窪田順生
Masaki Kubota

徳間書店

潜入

「解散命令請求」
取材NG最深部の全貌

旧統一教会

目次

CONTENTS

はじめに

第1章

「マザームーン」の暮らす宮殿

CONTENTS

第2章 教団聖地の最深層

第3章 韓鶴子が「オーナー」のホテル&リゾート

第4章

合同結婚式で渡韓した「日本人妻」たち

CONTENTS

第5章 政界と教団を結ぶキーマンが語る「洗脳」と「選挙」

CONTENTS

第6章 現役信者にとっての「山上問題」

CONTENTS

表紙写真提供:世界平和統一家庭連合

天苑宮の内部にある「天一聖殿」に飾られた文鮮明氏と韓鶴子氏の生涯を描いた14枚の宗教画のひとつ。螺鈿でつくられておりサイズは縦732センチ、横462センチ。

はじめに

私が「旧統一教会」を内部から見ようと思った理由

信者しか入れない「聖域」で見た巨大な像と天井画

私の目の前に、文鮮明氏と韓鶴子氏がいる。

言わずと知れた、宗教団体「世界平和統一家庭連合」(旧統一教会)の創立者と、現在は教団の総裁をしている妻のことだ。文氏は両手を下げて、やや広げた姿で、穏やかな笑みを浮かべて立っている。そして、その傍らには、韓氏がやはり穏やかな微笑みを浮かべて寄り添っている。

といっても、これは本人たちではなく高さは3~4メートルほどの立像だ。この黄金色の巨大な像は「天地人　真の父母像」と呼ばれるもので、世界中から「聖地巡礼」に訪れた信者たちは、この像まで5メートルほどのところまでやってきて、自身の信仰の「原点」に立ち戻るのだという。

「一般の信者の方もここまでしか入れませんが、今日は特別に許可をもらっています。もうちょっと近くでご覧になってください」

そのように私に促してくれたのは、韓国の教団本部の幹部職員である。

彼に言われるまま前に進んで、「天地人　真の父母像」の目の前までやってきた。すると、視界に飛び込んできたのは、頭上に広がる巨大なドーム型の天井と、そこに描かれたキラやかな宗教画だった。若い時の文氏と韓氏の姿や、合同結婚式の参加者たちに祝福をしている2人の姿などが描かれている。

「あの天井画には、ご夫婦がこれまで歩んできた信仰の道が物語として描かれています。この建物を外からご覧になった時に中央にドーム型の屋根が目についたと思いますが、あの天井がまさしくそこです。つまり、真の父母像というのは、この建物のちょうど中心に置かれているということですね」

この建物とは「天正宮《チョンジョングン》博物館」。韓国・ソウルから北東約60キロに位置する京畿道加平郡の教団施設が点在する孝情天苑団地の中にある、いわゆるこの教団の「聖地」だ。

豪華な宮殿の中心にある「一本松」の意味

天聖山《チョンソンサン》という山の中腹を切り拓いたところに建設された天正宮博物館は、巨大な柱やアーチが特徴的な新古典主義建築の白亜の建物で、アメリカ・ワシントンにある連邦議会議事堂

天聖山の中腹にある教団の「聖地」
上が韓鶴子氏の住まいでもある天正宮博物館／下が新しくできた天苑宮

と非常によく似ている。総工費について教団側は公表していないが、マスコミ報道によれば、日本円換算で約300億円がかかったという。

そんな「白亜の宮殿」については、情報番組や報道番組でご覧になったことがある方も多いだろう。

2023年5月にこの地でいわゆる「合同結婚式」が行われた際は、教団を追及しているジャーナリストの鈴木エイト氏をはじめとして日本のメディアが大挙して押し寄せて、この天正宮博物館を遠くから撮影して、「日本の信者からの献金でつくられた豪華絢爛な施設」「その大きさに圧倒されます」などと興奮気味にレポートしていた。

ただ、そんな大騒ぎをしていたわりに、彼らは天正宮博物館に入ることはおろか、近づくことも許されなかった。

《教団施設周辺では特に日本のメディアを警戒する姿勢がみられました。取材に行ったミヤネ屋スタッフは一般道からの撮影であっても教団側スタッフに制止され、スタッフによると「一度注意を受けると教団関係者がずっとついてきて、何かしようとすると止められるという状況が続いた」といいます》(情報ライブ　ミヤネ屋公式ホームページ2023年5月10日)

そんな日本のメディア立入禁止の「教団施設」の中に私は入っている。

世界平和統一家庭連合の日本の教会本部と粘り強く交渉を続けてきた結果、韓国の教団本部から「特例」として取材許可を得ることができたのだ。

天正宮博物館はその名の通り、教団の教祖である文鮮明氏の足跡を展示しているミュージアムだ。しかし、それだけではなく、この信仰をもつ人々にとって、極めて重要な意味をもっている「聖地」だ。

1960年代、文氏は信者たちを引き連れて信仰の拠点となる地を探していた。そこでたどり着いたのが、この天聖山の中腹だ。そこで文氏は一本の大きな松の木を「一松亭」と名付けてその下で、祈祷や瞑想を行い今後の教団の方向性を構想して、このように述べたという。

「一松亭は宮殿の地である」

そんな文氏の言葉を実現するためにこの地の開発が粛々と進んでいき、2006年にはついに一松亭を取り囲む形でこの「白亜の宮殿」が建設された。つまり、一松亭と天正宮博物館は、この教団の心臓部といってもいいほど重要な施設なのだ。

天正宮博物館は「体験型ミュージアム」だった!

それは実際、天正宮博物館に足を踏み入れて痛感した。

ここは文鮮明氏ゆかりの品々が展示されているだけではなく、訪れた信者が、文氏が歩んできた「信仰の道」を擬似体験できる。俗世間の言葉でわかりやすく説明すると、「体験型ミュージアム」となっているのだ。

「一松亭」のすぐ後ろに天正宮博物館に入る扉がある。ここをくぐり抜けると、そこは広い空間になっていて、文氏や韓氏についての展示品や説明のパネルがある。そんな中で、私の目についたのが、段ボールと土でつくられた粗末な小屋の展示物だった。ケヤキの木が展示され、その中をのぞくと、文氏が「原理原本」を書いたという文机と古いランプが置かれていた。

天正宮博物館を案内してくれた職員によれば、これは1951年から52年にかけて、文氏が「原理原本」という自らの教えを書き上げた場所を再現したもので、「孝情ケヤキ」と呼ばれている。信者からすれば、聖典ともいうべき「原理原本」が生まれた場所を再現した展示物をあらためて見ることで、信仰の原点を再確認できるというわけだ。

この「孝情ケヤキ」の先には、天井がガラスドームになって、ひときわ明るいスペースが広がっていた。床には水が張られており、その上にガラスの橋がかかっている。見れば、ガラスドームの外側にはライトアップがなされた水が流れていて、光が反射して幻想的な雰囲気を醸し出していた。

職員の説明では、これは聖書にも描かれている「天地創造」を表現した展示だそうだ。天井のガラスドームが「空」で、床の水が「海」で、そこにかかっているガラスの橋が「陸」を表現しているという。信者はこのガラスの橋を渡って、空を見上げることで、神様による天地創造を擬似体験することができるというわけだ。

この2つの展示の先には、大きなホールがあって、そこには文鮮明氏と韓鶴子氏の像が鎮座している。冒頭で紹介した「天地人　真の父母像」である。

職員によれば、この3つを回ることが、天正宮博物館を訪れる信者の定番ともいうべき「巡礼コース」だという。まず、「孝情ケヤキ」で文氏の「教義」の原点を再確認して、次にあの幻想的な空間を通ることで、神が天地をつくり、最後に人間を生み出したというキリスト教の根幹にも触れる。そして最後には、彼らが「真の父母様」と崇める文氏と韓氏の前に立って祈祷や礼拝をするという流れだという。

文鮮明氏と韓鶴子氏は「神様」ではなく「目指すべき理想の夫婦像」

「みなさんからすれば、文鮮明氏と韓鶴子氏は神様ということなんですよね？」

私は目の前にそびえ立つ「天地人　真の父母像」を見上げながら、隣にいる幹部職員にそう質問をした。

マスコミの報道や、旧統一教会を追及するジャーナリストたちの説明では、日本の信者たちが、自身の家庭を崩壊させるような高額献金をしたり、霊感商法に手を染めてしまったりしているのは、文鮮明氏と韓鶴子氏を「イエス・キリストの再来」「メシヤ」という絶対神として崇めるようにマインドコントロールされているからだという。

実際に「聖地」にやってきて、このような文鮮明氏と韓鶴子氏の巨大な像が立っているのを目の当たりにすれば、マインドコントロールはさておき、信者が2人を「神様」として崇めている、という主張はわからなくもない。

しかし、私の質問に対して幹部職員は即座に首を横に振った。

「ご夫妻を神様として崇めているのではありません。人を神格化したのではなく、神様が私たちに見える形で人格化して目に見えるようになったと私たちは考えています」

何を言っているのか理解できずにポカンとしている私を見て、幹部職員は穏やかな笑みを浮かべながら説明を続けた。

「これは私たち世界平和統一家庭連合の核心にあたる考え方なのですが、私たちの教義では、人間というのはすべて神様の子どもであって、その中で夫婦が一体化したものが、神様の御姿だと考えています。だから、私たち自身もみな人格を完成させて、夫婦が仲睦まじい姿となって一体化していく中で、神のような属性を帯びた姿となっていくと考えます」

「それはつまり、文氏と韓氏は信者のみなさんが目指すべき理想の夫婦像ということですか？」

「そうです、おっしゃる通りです」

満足そうに頷く幹部職員を見て、「なるほど」と呟いてみたものの本音を言うと、釈然としない思いが残った。単に目指すべき理想のカップル像ということならば、こんな豪華な宮殿を建てる必要はないし、偶像をつくって信者たちが手を合わせる必要もないのではないか。そもそも、夫婦が一体化した姿が神というのなら、なぜキリストは生涯独身だったのか。

さまざまな疑問が浮かんでは消えていくが、そのあたりはこれ以上深く考えても不毛なだけなのでやめておいた。いくらそこで質問を重ねたところで、理解できるわけもない。

なぜかというと、私は「神様」という存在をまったく信じていない、いわゆる無神論者だからだ。

「理解できない他者」と共存して、落とし所を探るのが社会

これまで私は週刊誌記者、雑誌編集者、そしてフリーのライターとして、オウム真理教、創価学会、幸福の科学などさまざま新興宗教団体の取材をしてきた。時には、信者数百人規模の地域性のある小規模な宗教団体なども取材した。そこでそれぞれの教義について説明を受けたが、残念ながらひとつとして納得できたものはなかった。

説明の途中までは「確かにそういう考え方もあるなあ」と納得することもある。しかし、どこかのタイミングで「神とはこういうものです」という一言で急に論理が飛躍するので、そこから先は「なんでそうなるの？」と首を傾げるばかりで説明が入ってこないのだ。

そうなってしまうのは、やはり「神様」というものの存在を信じていないからだ。

神社に行けば賽銭を投げて「金運がよくなりますように」と手を合わせるくらいのことはする。お葬式に行けば「成仏してください」と周囲とともにお経も唱える。高校生の時には、深夜の墓場で浮遊する人魂を見たので、幽霊や魂というオカルト的なものが、この世界に存在するかとも思う。

ただ、天上にいて、地上の人間に語りかけ、ああでもないこうでもないと生きる道を示すような超越的な存在がいる——と言われてもまったくピンとこない。見たこともないし会ったこともないし、何か救ってもらった経験もない。だから、「神とはこういうものです」と言われても、その素晴らしさをいくら説かれても理解できないので、「なるほど」と曖昧に頷くしかないのだ。

ただ、理解はできないが、自分が理解のできない考え方でも「尊重」したいとは常々思っている。

自分には理解ができない考えだからといって否定や批判をするのではなく、「ああ、世の中にこんな変わった考え方の人たちもいるんだなあ」と異なる価値観があることを認められる人間になりたいと思っている。そして、「自分にはまったく共感できないけれど、この人たちはそれを信じて人生を捧げているんだな」と敬意を示せるようにもなりたいと考えている。

なぜかというと、私は「何を考えているかわからない不気味なアカの他人」の存在を認めて、互いに落とし所を探って、手を取り合って共存していくことが、人間社会だと考えているからだ。

実はこれこそが、私が旧統一教会という組織の内部に飛び込んでみようと思った最大の理由である。

仕事をクビ、内定取消……「日本人の敵」となった旧統一教会信者

ご存知のように、山上徹也被告が安倍晋三元首相を殺害してから、旧統一教会は「何を考えているかわからない不気味なアカの他人」の代表となった。

いや、それどころではない。一部の人たちからは、「今すぐに社会から根絶させなくてはいけない日本人の敵」として目の敵にされている。

ネットやSNSでは「朝鮮カルト」「政界工作をする反日組織」という批判が飛び交い、全国の教会には「日本から出ていけ」「殺すぞ」などという脅迫電話が殺到して、壁にスプレーで落書きをされる教会もあった。

信者も被害を受けている。旧統一教会の2世信者らが運営する「信者の人権を守る二世の会」によれば、信者ということが発覚した後に、職場で心ない言葉を浴びせられるようになって仕事を辞めざるを得なかった人や、就職の内定を取り消されたという大学生や、賃貸マンションの契約更新を断られたなど多くの人権侵害が報告されているという。

「そんなものは自業自得だろ」と冷ややかに見るムキもあるだろう。

だが、山上被告の「テロ」が起きるまで、この教団に対してこんな陰湿なバッシングは起きていない。なぜかというと、「旧統一教会」のやっていることを、社会がそこまで問題視していなかったからだ。

「それは安倍元首相が政治力でマスコミや警察を抑え込んでいた」という陰謀論を真に受けている人も多いが、それは残念ながら典型的な政治意図をもった「デマ」だ。

この教団に対して被害を訴える人が民事裁判を起こし、その情報がネットやSNSで発信されていたが、マスコミも取り上げなかった。なんらかの圧力があったからではなく、多くの日本人は無関心だったからだ。

安倍元首相との関係もそうだ。実は筆者は2017年に、「旧統一教会のフロント団体」と呼ばれる「国際勝共連合」に対して、安倍元首相をはじめとして、自民党保守政治家との共闘関係を振り返るような書籍ができないかと取材を申し込んだことがある。そして、ある大手出版社の書籍担当者に企画を相談したところ、こんな感想を言われた。

「安倍さんと旧統一教会の関係はもうネットとかでもよく語られて、みんな知っていますから、そこからさらに突っ込んだ話があるならいいですけどね」

山上被告の「テロ」によって社会が「手のひら返し」でバッシング

この言葉からもわかるように、安倍元首相と旧統一教会が近いなんてことは「タブー」でも「闇」でもなんでもなく、ネットで検索すればすぐに出てくる話だった。しかし、テレビや新聞は今のように「自民党と旧統一教会とズブズブの関係」なんて騒がなかった。

なぜかというと、そんな話は政治を取材している人ならば、1970年代から知っている話であり、宗教団体が自民党を応援するという構図も、自民党の有力支持団体に「神道政治連盟」などがあることからもわかるように「当たり前」だからだ。

そこに加えて、先述したように、教団に対して「霊感商法」だと被害を訴えるような裁判はかねてから行われていて、そういう情報も社会に公開されていた。しかし、マスコミも取り上げず、政治家も文化庁も今回の解散命令請求を検討するほどに問題視しなかった。「民事訴訟」だからだ。民事訴訟されたなら「社会的に問題のある団体」になるなら、日本の宗教はほとんどアウトだ。

つまり、これまで旧統一教会が叩かれていなかったのは、安倍元首相の「圧力」などではなく、社会もマスコミも、政治家も文化庁も、「そこまで問題のある教団ではない」という認識だったからだ。

それが山上被告の「テロ」によって「巨悪」とされて、社会もマスコミも政治家も文化庁も急に「手のひら返し」をしたのだ。

教祖が反日思想をもつ韓国人で、日本の信者が多額の献金を韓国本部へ送っているから、教団を徹底的に解体すべきだという意見もあるが、それならば日本で活動している韓国アイドルや、韓国企業も解体しなくてはいけない。

また、韓氏が教団のイベントで、「岸田首相を呼び付けて教育させろ」などと発言をしたのが、日本に対して失礼だからけしからんというが、この程度の悪口は韓国人同士で話をしていれば日常的に飛び出す。しかも、韓氏は北朝鮮生まれの80歳で、反日教育を骨の髄まで受けている。日本に対してこれくらいの厳しいことを言う80歳は、韓国ではそこら中にいる。

旧統一教会をかばっているわけではない。冷静かつ客観的に彼らがやっていることを見ると、他の宗教団体と比べても、他の韓国人と比べても、それほど突出して悪質だとか、法律に触れた行為をしているというわけではない、と指摘したいのだ。

にもかかわらず、現代日本の禍をすべて引き起こした「巨悪」として叩かれている。これは「正義」でもなんでもなく、単に「何を考えているのかわからない不気味なアカの他人」を潰したいだけではないのか。

日本人は「何を考えているかわからない不気味なアカの他人」を潰そうとする

なぜ日本人なのに、反日的な思想のある韓国宗教を信じるのか。なぜ結婚や恋愛の自由を放棄してまで「合同結婚式」などという奇妙な儀式に参加をするのか。そして、なぜ豪華な宮殿で贅沢をする教祖のために、自分たちが稼いでお金を貢いでいるのか――。

ほとんどの日本人にとって、旧統一教会の信者の思考回路は、まったくもって理解できないだろう。

そんな「何を考えているかわからない不気味なアカの他人」だから激しい憎悪を抱き、徹底的に排除をしようとする。

なぜかというと、人間とはそういうものだからだ。自分の理解を超えるものと対峙すると、まずは恐れて避ける。そして、どうしても向き合わなければならなくなると今度は徹底的に潰そうとする。「何を考えているかわからない不気味なアカの他人」が増えてしまったら、どう対処をしていいかわからないし、これまで自分が信じてきたアイデンティティが崩壊してしまうからだ。

そのわかりやすい例が戦時中の「非国民」である。

ご存知のように太平洋戦争で「国民総動員」や「総力戦」が叫ばれて一致団結の必要性が説かれていた時代、戦争に反対をする人や、勝ち目がないのでアメリカと早期に和平を結ぶべきだという主張をしている人や、戦争に協力的ではない人というのは「非国民」として糾弾、時には大衆からのリンチで命を奪われることもあった。

例えば、満州事変直後の1931年9月20日、東京・麻布で2人の男が「若し戦時召集があっても応ずるな」とビラを巻いて演説をした。戦後の映画やテレビではこういう「非国民」を処罰するのは、警察や憲兵として描かれるが、現実は違う。

「付近の住民は時節柄とて憤慨し二三十名が棍棒や薪を持って『非国民を殴り殺せ』と追跡

したが何れへか逃走した」(読売新聞1931年9月21日)

当時の日本人からすれば、今こそ一致妥結をしてアメリカを打ち負かさなければいけない時に、軍に協力をするな、などと言う「何を考えているかわからない不気味なアカの他人」には憎悪しかない。だから、住民で一致団結して抹殺してしまおうと考えたというわけだ。

ここまで言えばもうおわかりだろう。旧統一教会がなぜここまで糾弾され、信者が嫌がらせにあうのかというと、彼らが令和日本の「非国民」にほかならないからだ。

戦時中のメディアにとって「非国民」は取材する価値がない存在だった

だからこそ、私は旧統一教会の内部に飛び込んで、実際に「令和の非国民」と糾弾されている人々が何を思っているのか耳を傾けてみたいと考えた。

彼らが本当のところ一体何を考えて今、どんなことを感じているのかということをしっかりとまとめて「記録」しておくべきだと思うからだ。

なぜ「記録」にこだわるのかというと、歴史的に見ても、マスメディアというのは権力や世論に迎合をするので、社会から排除されている「非国民」の声を黙殺する傾向が強いからだ。

実は戦前、戦中でメディアが「非国民」の考えを知るインタビューをしたり、どんな人々が戦争に反対をしているのかを探ったような調査報道はほとんどない。先ほどのように、事件の報道で触れられたり、特高警察が逮捕をしたりということで登場をするくらいだ。

こういう話をすると大新聞などのマスコミは「軍からの圧力に屈した」というような言い訳をするが、これは真っ赤な嘘で、さまざまな研究で、軍による報道規制が厳しかったのは、戦局が悪化した1943年くらいで、先ほどのような1930年代は、本人たちのやる気さえあれば「非国民」の取材もできた。

しかし、やらなかった。

「大衆」が求めていなかったからだ。戦争前、日米開戦を煽れば煽るほど新聞は売れた。戦時中は日本軍がいかに勇ましく鬼畜米英を叩き潰したか、負けたとしても潔く玉砕して敵に一矢報いたのかという「愛国美談」がもてはやされた。つまり、当時のメディアにとって「非国民」はわざわざ取材をして記事にするような価値もない、歴史の闇に消えていく存在だったというワケだ。

厳しい言い方だが、今のメディアにとって旧統一教会も似たような存在だ。

「旧統一教会のフロント組織」を扱うドキュメンタリーを嘲笑するマスコミ

なぜ筆者のように、なんの組織の後ろ盾もない個人のフリーライターが、日本のメディアで初めて韓国本部から取材が認められたのかというと、旧統一教会が「マスコミ」というものに強い不信感を抱いているからだ。

報道をよくご覧になっている方ならばなんとなくわかるだろうが、この1年半の旧統一教会報道で主に登場をしていたのは、教団をやめた元信者やその家族、そして、鈴木エイト氏ら教団を追及しているジャーナリスト、そして被害者救済にあたっている紀藤正樹弁護士をはじめとした全国霊感商法対策弁護士連絡会（以下、全国弁連）だけだ。

もちろん、メディアも教団の会見に参加をして、広報を通じて本部職員にインタビューを申し込むが、その内容が伝えられるのはほんの一部だ。

あるNHKのドキュメンタリー番組では、教団関連団体の幹部が1時間以上もインタビューを受けたにもかかわらず、使用されたのはほんの1～2分だった。45分ある番組の9割以上は、元信者や弁護士の主張に基づいた、教団バッシングに終始していた。

なぜこのように露骨に教団の批判に偏るのかというと、「大衆」が求めていないからだ。

このような番組の視聴者は、この教団の信者が何を考えて信仰をしているかとか、彼らにはどんな「正義」があるのかというような話題には興味はない。それよりも、いかに支離滅裂な教義を掲げて、どんな悪質な霊感商法で被害者を騙しているのかという話が聞きたい。だから、そういう情報を集めていく。

今のマスメディアにとって、旧統一教会信者というのは、戦前・戦中の「非国民」と同じで、国民の溜飲を下げるために厳しく断罪すべき人々であって、マイクを向けて言い分をじっくりと聞いてあげる対象ではないのだ。

それは何も私の一方的な思い込みではなく、実体験に基づく見解である。

実は私は2023年8月に「国際勝共連合」の内部や関係者に映像取材して、それをドキュメンタリー「反日と愛国」としてYouTubeで公開している。

社会全体で批判をするにしても、当事者たちが今何を思い、何を考えて信仰や政治活動を続けているのかくらい耳を傾ける寛容さがあってもいいと思ったからだ。

旧統一教会信者という「非国民」の声を記録して世に伝えておくことの意義

ただ、そんな話をすると多くのマスコミ関係者から「意味のないことをしていますね」と呆れられる。テレビや新聞の記者からすると、教団の不正やマインドコントロールの実態を暴くのがジャーナリズムであって、頭のおかしい人たちの話など報道する価値もないというワケだ。

こういうマスメディアの「空気」を身をもって味わっているからこそ、私は本書のように、教団内部に実際に足を踏み入れて、信者たちの生の声を「記録」すべきだと強く感じているのだ。

我々の子どもや孫の世代が、一国の元首相が凶弾に倒れ、その元凶とされた「カルト宗教」を国家が葬り去ったという歴史を振り返った時、この時代の報道の「記録」を見てきっと不思議に思うはずだ。

なぜこの時代のマスメディアは連日のように「旧統一教会問題」なるものを報じていたのに、「信者」が出てこないのかと。

大量のバッシング報道には、「元信者」「被害を訴える信者の家族」ばかりが登場をして、「弁護士」や「ジャーナリスト」の解説ばかりが報じられているが、どのメディアも教団の中に入って取材をしたりとか、当事者たちの話に一切耳を傾けていない。

これがこの時代の「中立公正」なのか、と80年後の日本人は衝撃を受けるはずだ。

それはまさしく、我々が戦時中の新聞記事を眺めた時に感じるものだ。当時の「朝日新聞」や「讀賣新聞」の紙面で、戦争に反対をしていたり、早期に終戦を望む「非国民」たちに取材をした記事が皆無なことに感じる違和感とまったく同じになるはずだ。

日本の取材者として、こういう「恥」は後世に残せない。だから、ひとりでもやってみようと思った。

2023年10月13日、いよいよ政府が東京地方裁判所に対して、旧統一教会に解散命令請求を出した。

これからさらにメディアは「被害者」の声をクローズアップして、「霊感商法」をまだやっていないのかなどの追及が厳しくなるだろう。

そういう旧統一教会バッシング報道が大量にあふれる中で、それらとはまったく違うこのような本があるのも、社会的な意義があるのではないかと思う。また、本書の取材は主に2

０２３年の春から夏にかけて行われた。「解散命令請求は秒読み」と言われる中で、政府から反社会的だと断罪された人々が何を考え、どう生きていたのかを記録として後世に残しておくことも、意味があることだと考えている。

この時代の日本社会も、「非国民」をただ排除するのではなく、彼らの話にも耳を傾けてみようとした試みが、わずかながらも存在した。そして、それに興味をもった日本人もいた。

そんな「証」を残すことができれば、取材者としてこれほど嬉しいことはない。

第1章

「マザームーン」の暮らす宮殿

ソウルからの日帰り観光地に「聖地」はあった

2023年7月某日、私は韓国の「ソウル－襄陽《ヤンヤン》高速道路」を疾走するミニバン車の後部座席に座っていた。

今回、日本メディアとして初めて、京畿道北東部の加平《カピョン》にある旧統一教会の本部への取材が許されたということもあって、教団側も「もてなし」の意味も込めて、わざわざソウルまでドライバー付きの自動車で迎えにきてくれたのだ。

ドライバーは日本人の山本さん（仮名）。60代の男性信者で韓国にやってきて25年近くになるという。ドライバーとして教団の関係者を送迎しているからか、とにかく話題が豊富な人で、韓国で食べておくべきグルメや、韓国ドラマ、日本のアニメなどの話をしている間にあっという間に、清平に着いた。

清平の第一印象は、自然豊かな地方の観光地という感じだ。低い山に囲まれた「清平湖」という巨大な湖があって、そのまわりを取り囲む形で、別荘やホテル、レストランなどが点在している。

「ソウルから車で50キロくらいですので、日帰りで遊びにくる人が多いですね。東京の人からすると、箱根とか相模湖とかそういうイメージですかね。家族連れや若い人が湖でボートに乗ったりして遊んでいますよ」

そんな山本さんの説明を聞いているうちに、日本の情報番組で見かけたことがある、景色が目に飛び込んできた。山の中腹に突如として現れたアメリカの連邦議会議事堂のような白亜の建物。そしてそこから麓の方にやや下がったところには、さらに大きな白亜の宮殿が見えた。ハンドルを操りながら、山本さんが語りかけてきた。

「あの上が、真のお母様も生活されている〝天正宮博物館〟で、その下にある大きな建物が天苑宮になります。5月にあった合同結婚式で初めて信者にもお披露目されました。日本のマスコミもたくさんこのあたりまできて、遠くから撮影をしていたので、テレビなどでご覧になったんじゃないですか？」

テレビという言葉が出たので、私はあの宮殿を目にして思ったことを素直に口にした。

「ええ、でも実際にこの目で見ると、すごく豪華な建物ですね。あの天苑宮を建てるためのお金のほとんどは、日本の信者による献金だと日本では言われています」

病院、学校、ハンバーガーショップまである「旧統一教会タウン」

天苑宮に関しては、日本のマスコミは建築費が500億円にも及ぶと報道をしているほか、教団に20年以上所属していたが今は脱会している櫻井正上氏という二世信者の元幹部に取材をして、教団が権威を示すために建造したもので、その費用の多くは日本人信者が負担をしている、というコメントも紹介している。ちなみに、氏はこのような方針に対して異を唱えたところ、組織から追放されたという。

私の言葉に対して、山本さんは特に不愉快になったようなこともなく、動揺をすることなく、これまでと同じような穏やかな口調で語り出した。

「教会の中にもいろんな人がいます。中には、なんでこんなに大きくて立派な建物をつくらないといけないんだ、というようなことを言う人もいます。でも私は、それはお父様の教えをちゃんと理解していないからだと思いますよ」

山本さんによれば、文氏や韓氏が、天正宮博物館や天苑宮などの豪華な宮殿を建てるのは、メシヤとして霊界に行った時に、あらゆる人たちが、神に許されるためだという。

霊界には亡くなった人がすべて行く。その中には、王様のように贅の限りを尽くしていた人もいる。このような人はメシヤよりもいい暮らしをしているということで、神から許されない。そこで、メシヤである文氏がこのような人たちよりもいい暮らしをすることで、許されるようにしようということらしい。

「お父様は牢屋の中でトイレの横という過酷な生活もしたことがあります。貧しい人でも経験したことがないような最低の生活から、王宮のような最高の生活まですべて経験しているということで、あらゆる人がメシヤはやっぱりすごい、と心を開くことができる。だから、天苑宮のような豪華な施設をつくっているのは、何かを誇示するわけではなく、すべての人の愛と許しを乞うということのためだと私は思います」

山本さんの熱の入った解説に「なるほど」と頷いていているうち、車は山の麓に到着した。なだらかな勾配のある地に、いくつかの大きな建物が点在していた。これらはすべて教団関連施設だ。世界中からやってきた信者が祈祷などの「修練」を行うための「ＨＪ天宙天寶修錬苑」という施設や、そのための宿泊施設、「清心幼稚園」という幼稚園、そして全寮制の中高一貫校の「清心国際中高等学校」や、「ＨＪマグノリア国際病院」という大きな病院まであり、さらにはレストランや「ヘブンＧバーガー」というハンバーガーショップまであるというので、もはや「旧統一教会タウン」と言ってもいいだろう。

ちなみに、これらの施設の前につく「ＨＪ」とは「孝情」の韓国語読み「ヒョ・ジョン」を、それぞれの発音の頭文字を取ったものだ。では、「孝情」とは何かというと、韓鶴子総裁の自叙伝によれば、「天の父母である神様に向けた私たちの精誠と愛」だという。「精誠」という言葉は日本語の辞書に載っていないが、信者によれば純粋な誠実さのようなことだという。つまり、「ＨＪ」とは「人間をつくった神様への親孝行」というようなニュアンスをもつ言葉なのだ。

韓総裁からの信頼も厚い幹部職員が「聖地」を案内

車窓に流れる教団関連施設をビデオカメラで撮影をしていた私に不意に山本さんが言った。

「そろそろゲートがありますので、そこからはカメラ撮影はやめてください。やはり、ああいうことがあったので本部もメディアの取材には神経質になっていますから」

山の麓から天正宮博物館などがある中腹に向かう山道の入り口にはゲートがあって警備員が駐留していた。検問所のようなところで車が止められて、怪訝そうな顔をした警備員がハングルで話しかけてきた。それに対して、山本さんがハングルで応える。どうやら、本部職員の名前を出して、許可を受けているというようなことを説明しているようだ。しばらく無線で何かを確認した警備は、先ほどとはうって変わった笑顔となってゲートを開けて見送ってくれた。

勾配のきつい山道を上がっていくと、先ほどまで遠目から見ていた天苑宮が視界に入ってきた。やはり間近で見ると、その大きさに圧倒される。また、間近で見たことで「できたばかりの建物」だということがよくわかった。レトロな建築様式ながら白亜の壁は美しく、周囲に敷きつめられている街路樹や芝生も手入れされているばかりだ。

そんな天苑宮を横目に、さらに山道を上がっていくと、アメリカ連邦議会議事堂のような建物が見えてきた。天正宮博物館である。そのまま建物の脇にある駐車場に入ると、そこにはスーツ姿の男性たちが３人待っていた。私が車から降りると、３人は近づいて、名刺を差し出して、丁寧な挨拶をしてきた。

「こんな遠いところまで、日本からよくいらっしゃっていただきました。本日はどうぞよろしくお願いします」

彼らは今回の取材対応の担当者である佐藤さん（仮名）と、そして通訳をしてくれる田中さん（仮名）、高橋さん（仮名）だった。彼らは韓国本部で勤務している日本人信者だという。佐藤さんと田中さんが40代中頃くらいで、高橋さんは彼らよりもかなり若いようで、20代くらいの若者に見えた。

彼らと名刺交換を済ませたタイミングで、肉付きのいいメガネをかけた男性が現れた。優しい目をして人懐っこい顔をした男性で、どことなくお笑い芸人・サンドウィッチマンの伊達みきおさんに少し似ていた。

この男性は、韓国教団本部の幹部職員のキムさん（仮名）だと紹介された。彼はこの天正宮博物館に陳列されているものの管理を任せられているそうで、今回、このキムさん自身が、天正宮博物館と天苑宮の案内をしてくれるという。

「二」と「人」を合わせたものが「天」

挨拶も早々にキムさんは、天正宮博物館の入り口にあたる門の前に案内してくれた。門の上には「天正宮」と漢字で記されたパネルが掲げられており、門の両脇には、伝統的な韓服に身を包んで胸の前に花束を持つ2メートルほどの人の像が立っていた。そこでキムさんは

「天正宮」という名称の意味するところを説明してくれた。

「まず〝天〟というのは〝二〟と〝人〟という漢字が組み合わさったものです。私たちの宗教では、これは男性と女性という二人が一つになった姿だと考えていて、これこそが神の御姿だと説いています。次に〝正〟というのは〝一〟に〝止〟と書きますね。これは男性と女性が夫婦としてひとつになって、止まるということを意味します。最後の〝宮〟ですが、これは宮殿という意味もありますが、韓国では〝家〟も意味しています。つまり、ここは夫婦がひとつになって神の御姿になっていく家ということです」

ドラマ「3年B組金八先生」の中に登場した「人という字は、人と人とが支え合っている姿を表したもの」という名言のように、よくできた語呂合わせに感心をしていると、キムさんは門の両脇の像を指さして、説明を続けた。

「あちらの像が私たちの信仰の特徴をよく示しています。あれはそれぞれ夫と妻をあらわしていまして、夫婦ならば互いに向かい合ってもいいはずなんですけども、あの像は2人ともこちらを向いていますね。これは愛というのはお互いに向かい合うものではなく、同じ方向を見つめるものだという考えに基づいています。これは〝星の王子さま〟で知られる小説家・サン＝テグジュペリも言っていることですが、私たちの信仰も同じなんです」

そのような「建築物へのこだわり」を聞いているうちにある疑問がわいた。天正宮博物館は、教祖である文氏が存命中につくられている。ということは、そのような像の向きなどもすべては文氏が指示をしたのか。キムさんが答える。

「そうですね。私たち職員が基本的なデザインなどを示して、お父様からいろいろと細かな指示をいただきました。例えば、階段の位置とか段数なども、すべて私たちの教義が反映されています」

確かに、神社やキリスト教の礼拝堂なども意匠や様式にはすべて意味がある。旧統一教会の場合もこれらの建造物は「宗教建築」という意味合いのようだ。

文鮮明氏はなぜ「釣り」が好きだったのか

入り口の門を抜けると、ちょうど建物の正面にあたる部分で、大きな広場のようになっていた。ここは信者が集まる場所でもあるという。

キムさんにその広場の端に案内されるとちょうど、ここに来る時に通った天苑宮を上から見下ろすような場所で、天苑宮の先には、山の麓に広がる「旧統一教会タウン」が一望できた。

「すごくいい眺めですね」と私が素直な感想を漏らすと、キムさんは「旧統一教会タウン」のさらに先にある清平湖を指して、「今日は天気がいいので、湖までよく見えますね」と微笑んで解説を始めた。

キムさんによれば、文氏は1960年代から世界平和の活動の拠点として、「山と水が出合う地」を探していて、信者たちと船に乗ってソウルから北漢江という河を上っていった。そこで最終的に到着したのが、この清平湖の地だったという。

「ここは北漢江をダムで堰き止めてつくられた人工湖ということもあって、当時は山と荒地しかなかったのですが、お父様はこの地をいたく気にいって、釣りや祈祷をしながら、これからの活動の構想を練りました。なぜ釣りなのかというと、水面の下に糸を垂らして魚を探す行為というのは、まさしく目に見えない世界を探るということですね。そういう点では、人の祈りと非常によく似ています」

ちなみに、文氏が「釣り」をこよなく愛していたのは有名な話で実際、旧統一教会の関連団体には「国際釣友好連盟」というものまである。

そんな教祖の釣り好きが高じて、旧統一教会の関連企業では、水産ビジネスをしている。アメリカで日本の寿司を広めたのは旧統一教会だと言われているが、それは当時、アメリカの信者たちが経営する会社がマグロ漁など水産ビジネスで成功をおさめたことも大きいようだ。

キムさんは視線を清平湖から、麓に広がる「旧統一教会タウン」に移すと誇らし気に説明を開始した。

「この清平でいろいろな山に登っていくうちに、一番大きい山である天聖山《チョンソンサン》の中腹にある一本の松にたどり着きました。そして、いずれこの地は、世界中の人々が集まって、さまざまな施設が建ち並び、高速道路なども通るようになるだろうとおっしゃったのです。そして〝予言〟というわけではありませんが、実際に今、この地は文先生がおっしゃったようになっていますよね」

道路も通っていない、ただの荒れた土地と山が、文鮮明氏を心から信じている人々の努力と、意志の力によって、半世紀後にこんな立派な施設が建ち並ぶ「街」になっている。「信仰」というものの力の凄まじさを、私はあらためて痛感していた。

K-POPのコンサートも行う「清心平和ワールドセンター」

天正宮博物館から「旧統一教会タウン」を見下ろしてみると、ひときわ目立つ大きな建物があった。

「あれは、清心平和ワールドセンターというホールですね。2万5000人を収容できて、合同結婚式など教団関連のさまざまなイベントが開催されるだけではなく、ミュージカルやK-POPアイドルのコンサートなどにも使用されています」

埼玉にある「さいたまスーパーアリーナ」の最大収容人数が2万7000人で、横浜にある「横浜アリーナ」が1万7000人なので、2万5000人収容というと、ちょうどこれらの2つの中間くらいの大きさだ。宗教団体が、これほどの大規模の室内アリーナ型の会場施設を保有していることにちょっと驚いた。

そこに加えて、K-POPアイドルのコンサートにも使用されることも意外だった。しかし、調べてみると、確かにこの場所ではかつて、「少女時代」や「KARA」のメンバーが訪れて、音楽イベントが開催されたことがあった。そして、注目すべきは、その時に参加したアイドルやアーティストたちは「カルトの施設を利用するとは何事だ」と社会からバッシングをされることもなかったということだ。

実は、日本では旧統一教会は今や「関連イベントに参加する」というだけで、謝罪会見を開かねばいけない「反社会的団体」になっているが、韓国では数多（あまた）とある新興宗教団体のひとつに過ぎない。もちろん、宗教なので「カルト」とか「異端」と叩く人もいる。が、日本のように「社会の敵」というほどでもないので、教団施設で行われるイベントに「ビジネス」として参加をするアイドルやアーティストも糾弾をされないのだ。

そういう社会ムードだからこそ、このような「旧統一教会タウン」の実現が可能だったのかもしれない。

「私たちは時間をかけて、病院、学校、福祉施設など都市に必要な要素をひとつずつつくってきて、これからも拡大をしていきます。来年に始動予定なのは、天苑宮の奥にある、ビニールハウスのような建物です。これは〝HJ花鳥苑〟というもので、美しい花とさまざまな鳥の姿を見ることができる施設でカフェも併設しています。そして、もうひとつ動き出すのが〝HJクルーズ&マリーナ〟です。これは電気で動くクルーズ船が発着する場所で、この船はソウル方面まで行き来します」

報道によれば、これらの施設の建設資金は、すべて日本の教会から送られる献金で成り立っているという。しかし、昨今の旧統一教会問題で日本からの送金もとどこおっているという。果たして、この巨大な「旧統一教会タウン」は拡大し続けることができるのだろうか。

大理石を上ると、「マザームーン」の居住スペース

それからキムさんは建物の前にそびえる見事な一本松、文氏が愛してこの木の下で祈祷や信者たちと語り合っていたという「一松亭」の説明をした後、天正宮博物館の内部を案内してくれた。そして、本書の冒頭で紹介したような、聖地巡礼コースをたどって「天地人　真の父母像」にたどり着いたというわけだ。

「では、これから1階に行きましょう。天正宮博物館は3層構造になっていて、これまでいたところは地下1階になります」

山の中腹につくられたからか、天正宮博物館は階段のような構造になっている。アメリカの連邦議会議事堂のような建物の正面がちょっとした庭園のような空間になっていて、そこ

から大きな階段が下がってさらに大きな広場があり、「一松亭」はその階段の脇に立っている。我々はその一本松の後ろにある扉から入った。つまり、文氏の信仰の歩みをたどる「体験型ミュージアム」は地下1階にあるのだ。

キムさんの後について、私は大理石でできた階段を上っていった。勾配はややきつく、ぐるりと回り込むようなカーブを描いている階段だった。キムさんによれば、韓国国内でここまでのきれいな弧を描いている大理石の階段はかなり珍しく、石材会社の職人たちが、見学に訪れるほどだという。

そんな大理石の階段を上り切った場所は、地下1階に比べるとやや狭い空間だった。「天地人 真の父母像」が鎮座している吹き抜けになっていることで、その空間を取り囲むような限られたスペースになっていることに加えて、左右に壁があって扉があったからだ。

ただ、正面は大きく開いた入口となっていて、その先にはギリシアのパルテノン神殿のような巨大な柱が並んでおり開放感がある。いわゆる柱廊式玄関という様式だ。

そんなフロアの中ですぐに目についたのは、人間が3人ほど並んだくらいの大きさの巨大な紫水晶だった。キムさんによれば、韓氏の誕生日に、ブラジルの教会から贈られたものだそうだ。これほど大きな紫水晶は珍しく、値段がつけられないほど高額なのでスタッフも扱いに困っているという。また、壁を見ると北朝鮮からやはり誕生日に贈られた書簡や、世界中のＶＩＰからの手紙などが飾られている。

それを眺めているうち、ある扉に気がついた。きれいな装飾がなされて、床には赤い絨毯が敷かれていた。もしかして、この先には。キムさんの方を振り向くと、私の考えを察したのか、彼はにこやかに頷いた。

「そうですね、ここから先は韓鶴子総裁のお住まいになっています」

「反日カルトの聖地」は思いのほか「普通」だった

テレビや新聞で連日のように報じられた「マザームーン」が、この扉の先にいる。ぜひ実際に会ってみて、日本国内で批判をされていることなどについてどう考えているのかを聞いてみたいところではあったが、残念ながら今回は韓氏への取材は認められていなかった。

もちろん、冷静に考えれば認められるわけもない。信者たちが敬愛している「真のお母様」を、ワケのわからない日本人のフリーライターなどにひき会わせて、もし何かご機嫌を損ねるようなことをしてしまったら、取材を申請した日本教会の人々だけではなく、韓国本部の人々もただで済まない。

いつか機会があればインタビューをしてみたいものだ、と思いながら私は巨大な柱が並んでいる正面入り口を出た。目の前に、半球体のドームがあって、それを取り囲むように噴水が出ている。ドームはライトアップされているのか、青、紫、赤という感じで次々と色を変えている。聞けば、あれは先ほど、地下1階の天地創造を擬似体験できるスペースで見上げたガラスの天井だという。

「反日カルト」と報道をされている団体の「聖地」ということで、そこに足を踏み入れる前は、日本への恨みつらみ、日本人を貶めるような「反日教義」に関わるような痕跡があるのかと思っていた。また、いわゆる「合同結婚式」のように我々一般人には理解に苦しむような儀式もしているので、聖地の中では異常な教え、独特の宗教観で溢れているのではないかと思っていた。

しかし、実際に「聖地」の中に足を踏み入れると、その予想は裏切られた。思いのほか「普通」だったのだ。

もちろん、「夫婦がひとつになって神の御姿になる」とか、細かな内容に関してはちんぷんかんではあるが、キリスト教系の新興宗教ならば、そういう方向の解釈もあるだろうなというもので、「そんな異常で危ないことを考えているのか」なんて衝撃を受けるようなぶっ飛んだ話でもなかった。

やや肩透かしをくらっていた私に、キムさんが「それでは次に新しくできた天苑宮をご案内します」と声をかけた。

天苑宮の壁にレリーフされた「国鳥・鶴」

車に乗って山道を下っていくと、5つの巨大なドーム型屋根がある白亜の巨大建造物が見えてきた。天正宮博物館と比べるとかなり大きな印象だ。第一印象は、同じように5つのクーポラ（丸屋根）から構成されるベネチアのサン・マルコ大聖堂とちょっと似ていると感じた。

駐車場に到着すると、工事の真っ只中のようで、工事車両がそこかしこに駐車されていた。ヘルメットを被った作業員たちが、忙しそうに作業をしている。

「建物自体はほぼ完成しているのですが、まだ内装や入り口あたりの工事をしているところで、大変申し訳ないのですが、建物の近くまでは行けますが、内部をご案内することはでき

「真の父母が人類や国と相対する中央庁」だという天苑宮(写真提供：世界平和統一家庭連合)

ません」

キムさんの後について階段を上って建物の正面エントランスに近づき、内部を覗き込むと確かに、内壁がむき出しの部分があった。正面エントランスの周辺にも、いろいろなところに規制線がひかれていて、床の石材を敷き詰めていた。

天苑宮の内壁は大理石で、外壁はオマーン産の大理石や御影石が使われているという説明を聞いていると、ふと建物の壁に大きな「鶴」のレリーフがあることに気がついた。これはやはり総裁の名前、「韓鶴子」に由来したものかと尋ねると、キムさんは笑顔で答えた。

「そうですね。韓総裁が生まれる時に両親が夢で鶴を見たということで、鶴子という名前になったこともあって、私たちにとって鶴は非常に重要な意味をもっています。この場所を神様の理想が完成された国という意味の〝天一国〟と呼んでいるのですが、鶴はその国の国鳥という位置付けです」

つまり、我が国で言うところの「キジ」のようなものだというわけだ。

「国鳥」がこのような形でレリーフされるということは、天苑宮は「天一国」という国の最高機関のような場所なのかもしれない。実際、キムさんからもらった、天苑宮に関する資料の中には、以下のような韓氏の言葉が紹介されている。

「天正宮が真の父母を中心とした至聖所なら、天苑宮は聖所です。地上の真の父母が人類と国に相対する中央庁の概念です」

7年の歳月を費やして制作された14点の宗教画

確かに、天苑宮内部に何が入るのかということを説明した資料を読んでみると、「中央庁」と考えてもいいような機能が多数入っている。

「国政発表室」など行政機関を思わせるフロアや、国際会議や展示会に使える1000人の収容可能な多目的ホールがある。「天の父母(神)様が願われる天一国と神統一世界安着の礎を築く場所」とあるように、この天苑宮が各国の要人と会談を行い、世界平和に向けた運動の拠点という位置付けなのだろう。

もちろん、宗教団体なので、天苑宮には信者たちが自身の信仰を確認する「宗教施設」という側面もある。天苑宮に入ると、まずは「天一聖殿ロビー」というスペースがあって「聖水台」がある。ここで心と体を清めた後、建物の中心にある「天一聖殿」に行く。

この大理石の彫刻フロアは「地」を象徴しており、天井のステンドグラスからは「天」を象徴する光が降り注いでいる。その中心に参拝者、つまり「人」が立つことで、「天・人・地」が一体化することができるという。

そして、この天一聖殿の壁には、貝の殻の内側の真珠色の光を放つ部分を細かく用いた「螺鈿」の技法を用いて描かれた宗教壁画が14点飾られている。

これは「天一壁画」と呼ばれ、文氏と韓氏のこれまでの信仰の歩みや、２人がこれまで世界平和に尽力をしてきたことをテーマにしたもので、天正宮博物館のドーム型の天井にあった宗教画をより詳しくしたようなものだという。

確かに、実際に「天一壁画」を見てみると、天井画よりもかなり具体性を帯びている。例えば、ある壁画では、韓氏が貧困に苦しむ国の人々に手を差し伸べているところが描かれている。また、文氏が北朝鮮の金日成氏と抱き合っているところが描かれたものや、文氏と韓氏が２人で楽しそうに釣りをしているような壁画まである。

これらの壁画は大きいもので７３２センチ×４６２センチというのでかなりの大作だ。実際、韓国の無形文化財の中でも、螺鈿や漆の名匠２人が率いるチームが参加して、７年の歳月を費やして完成されたという。

このような「聖地」としての役割のほか、天苑宮には文氏と韓氏の生涯や思想を学び直す

天苑宮内部の「天一聖殿」には韓国の無形文化財にあたる職人たちが約7年の歳月をかけた宗教画14点が飾られる（写真提供：世界平和統一家庭連合）

という「教育」の機能もある。3D技術やプロジェクションマッピングなどを用いた最新の映像技術で、2人の生涯や業績を紹介する「真の父母様の生涯展示館」というスペースもある。

キムさんによれば、「実際の商業映画で用いられるような技術が用いられている」というので、これもかなりの労力と資金が費やされているのだろう。

天苑宮の配置はバチカンのサン・ピエトロ大聖堂とそっくり?

天苑宮内部についての説明を受けた後、続いて建物前の「芝生広場」へと移動した。正面エントランスとつながった回廊で囲まれたこの芝生広場は地下には、イベントホールやカフェ・フードコートがつくられて、信者たちの憩いの場になるという。

そんな芝生広場に立ってみると、古代エジプトのオベリスクのような巨大な塔が目の前にそびえ立っていた。建物と広場を挟んだところに回廊が飛び込む。

「あれは天聖塔と言って、24時間光り輝くことで天一国における灯台の役割を果たします。また、宗教的な意味合いでいうと、ロウソクという意味もあります。ロウソクは自分の体を溶かしながらまわりを明るくしますよね。我々も自分を犠牲にしてでも、世界を明るく照らしていきたいという願いが込められています」

説明を聞きながら、この風景をどっかで見たはずだと必死に記憶をたどったところ、どこで見たのか思い出した。

バチカンのサン・ピエトロ広場である。巨大なサン・ピエトロ大聖堂の前にある石畳の広場も、大聖堂から伸びる回廊にぐるっと囲まれていて、広場には真ん中にオベリスクが建っている。

芝生と石畳という違い、またオベリスクがある場所が若干、異なっているものの、基本的なレイアウトはよく似ている。

天正宮博物館が米連邦議会議事堂とよく似ていると指摘されているように、天苑宮もカトリックの総本山であるサン・ピエトロ大聖堂を意識したのではないか。

実際、天苑宮は今後、教団の総本山的な役割を果たし、世界中の旧統一教会信者が集う場所になっていくという。サン・ピエトロ大聖堂もやはりカトリックの総本山で、世界中の信者が訪れる。同じ機能なので、同じようなデザインになっているのかもしれない。

そんなことを考えていたら、キムさんが芝生広場の先を指さして語り始めた。

「実はこの天苑宮には、日本のメディアが知らない、もうひとつ大きな役割があります。それは世界最高水準の芸術作品を展示して、信者以外の人々にもそれを体験していただく、美術館としての役割です」

世界の有名アーティストの作品が展示された美術館

思わず耳を疑った。なんとこの天苑宮の横に、併設される形で「美術館」がオープンする予定だという。

ここでは「中国で最も影響のある現代美術家」と呼ばれるアイ・ウェイウェイや、アメリカでビデオアートの第一人者として知られるビル・ヴィオラとペク・ナムジュンなど世界中の有名芸術家の作品を展示するという。アートに関心がない人からすれば「誰？」という感じだろうが、現代アートが好きな人からすれば、ぜひ実際に鑑賞したいと願う「スター」揃いだという。

「展示は館内だけではなく広場に隣接する、ハヌル公園という野外でも行われます。既に展示をされているものもありますよ。あそこに大きな鏡みたいなものがありますよね。あれはスカイミラーという作品です」

キムさんが、指差す方を見ると、芝生の上に巨大なカーブミラーのようなものが置かれていた。Googleで検索をしてみると、現代アートの世界的巨匠、アニッシュ・カプーアの代表的な作品だ。幅6メートルのステンレスを曲げた皿のような鏡で、空に向けられていることで、時間や場所によってまったく異なる景色を映し出す。日本でも2018年に大分・別府で期間限定で公開されて大きな話題となっている。

「美術館を一般の方にも開放をするということは、この芝生広場やその下にあるカフェテラスやフードコートも利用できるということですか？　もしそうならば、観光地として多くの人が訪れそうですね」

私がそのように尋ねると、キムさんも笑顔で頷きながら回答をしてくれた。

「一般の方にどこまで開放をするか、開放する場合、美術館などの入場料などをどうするのかなども、まだ何も決まっていません。これから内部で会議などをして決めていくつもりです。でも、アートは人類共通の宝ですから、なるべく多くの人の目に触れるようにしたいとは考えています」

日本人の感覚では、「霊感商法」の問題が指摘されて、社会から糾弾されている「反日カルト」が運営する美術館など、誰が行くものかと思うかもしれない。

しかし、先ほども説明したように、韓国では清心平和ワールドセンターで開催されるコンサートにＫ－ＰＯＰアイドルが普通に参加している。「旧統一教会」というものが、それほど社会悪として攻撃をされていなければ、「アレルギー」もないのだ。

ということは、この天苑宮に併設される美術館も、日本の箱根や伊豆などにある宗教団体が運営する美術館と同じような形で、韓国の一般人がレジャーとして訪れる観光スポットとして、韓国社会に普通に受け入れられる可能性は十分あるのだ。

日本ではさまざまな自治体で議会が「関係断絶宣言」をして、ボランティアや市民活動から旧統一教会信者を続々と「排除」しており、教会に対しては宗教法人格を剥奪せよと言っている。

一方、その宗教団体の世界本部では、世界の一流アーティストの作品を多く収蔵した美術館のオープン準備をして、一般の人々にも広く公開したいと考えていると公言をする。韓国社会全体で、それを糾弾するような動きもない。

この「温度差」は一体なんなのだろう。釈然としない思いを残したまま、私は天苑宮を後にした。

第2章

教団聖地の最深層

日本のメディアやジャーナリストも「記念」に立ち寄る「ヘブンGバーガー」

日本のマスコミが「聖地取材」の記念に必ず立ち寄るハンバーガーショップ

キムさんにお礼を言って、天苑宮を後にした私は、ドライバーの山本さんと、通訳をしてくれた田中さんと高橋さんらとともに車に乗り込んだ。今度は世界中から集まった信者たちが祈祷などをする「HJ天宙天寶修錬苑」というエリアに移動をするためだ。

山道を下って、ゲートを抜けて麓の「旧統一教会タウン」に戻ると、歩道にはちらほらと人影があった。天正宮博物館と天苑宮の周囲には工事や芝生の手入れをしている人以外、ほとんど人を見かけることはなかったので、何やら「下界」に下りてきたという印象を受ける。

「ここにいらっしゃるのは、みなさん信者なのですか?」と私が質問をすると、田中さんがこのような説明をした。

「やはり信者が多いですが、地元の方やこのあたりに観光に訪れたついで立ち寄ったという人もいます。ここまではどなたでもやってこられますので、日本のテレビクルーもたくさんやってきました。例えば、あそこにヘブン・G・バーガーというハンバーガーショップがあるじゃないですか」

指差す先には、バウムクーヘンのような形の建物があり、その表面に「BAKERY CAFE」「HEAVEN G BURGER」という文字が掲げられていた。なぜこのような店ができたのかというと、やはり文氏と韓氏がハンバーガーを好きだったところからだという。

「ちょっと前にも『ミヤネ屋』の宮根さんもきましたし、合同結婚式の時には鈴木エイトさんも訪れたようで、ジャーナリストやメディアの人はここまでやってきた記念にあそこでハンバーガーを食べて、これが旧統一教会の運営するハンバーガーですとかレポートするのがお好きみたいですね」

高橋さんもそう言って、にこやかに笑ったが、その笑いはどこか乾いていて、皮肉のように聞こえた。

ジャーナリストらが霊感商法と批判する「先祖解怨」の爆心地

車はしばらく走ると、清平湖のほとりまでやってきた。韓国の教団本部である「神韓国家庭連合本部」を通過すると、「HJマグノリア国際病院」という大きな病院が出てきた。こちらは、信者専用の病院というわけではないので、地域の人々も診療や治療を受けるためにやってくるという。この病院ができるまで地域には大きな医療機関がなかったので、その点では地域住民から感謝されている、と田中さんは説明した。

やがて大きな体育館というか、武道場のような雰囲気のある建物がいくつか見えてきた。これが「HJ天宙天寶修錬苑」だという。

ここには「天城旺臨宮殿」というさまざまな式典を行う大聖堂を備えた施設と、「天心苑」という祈祷場、「親和教育館」という修練会が行われる教育施設、そして「天寶苑」という文氏や韓氏の歩みを記録した記念館であり、ともに歩み勝利したと認定されて祝福家庭の系図を管理する管理センターの、4つの大きな建物がある。それらが取り囲むような大きな広場があり、その中央には大きな柳の木が立っていた。

「聖書の中にも生命の木というのが登場しますが、キリスト教では人を象徴するものが木だと言われていまして、文氏が、この木の前では偽りの愛や淫乱の愛ではなく、真の愛で人を愛して祈祷を捧げようと教えて下さったことから、私たちはこれを〝愛の樹〟と呼んでいます」

田中さんの説明を聞いている間も、この広場に多くの人が行き交っていた。みな服装はかなりラフで、ジャージやスウェットにTシャツという動きやすい格好をしている人たちも少なくない。

旧統一教会の信者はこの「HJ天宙天寶修錬苑」にやってきて、「先祖解怨・先祖祝福」という儀式を行う。旧統一教会では、先祖を敬い大切にするというだけにとどまらず、「先祖の怨みを解き、その願いを果たすことを通して先祖自身の解放を目指す」という。「先祖解怨」はそのための儀式で、文氏はこれを四三〇代まで遡ってやるべきだと説いていた。

そして、教団の問題を追及するジャーナリストや弁護士はこの「先祖解怨」によって、信者は「先祖が地獄にいる」などと不安を煽られて、高額献金をするように仕向けられているという。しかし、教団本部はこれを否定。先祖を正しく供養すべきだということは説いているが、カネを出さなくては先祖が地獄に落ちるというようなことはしていないと主張している。

このあたりの事実はわからない。しかし、パッと見る限り歩いている人たちにはあまり悲壮感のようなものは漂っていない。友人同士なのか、楽しそうにしゃべって大笑いしながら歩いているグループ、音楽を聴きながら歩いている若い女性や男性もいて、大学のキャンパスのような印象さえ受ける。

清平は「堕落した人類」を生まれ変わらせる場所

「修錬所を見学する前に、軽く昼食をとりましょう」

そう言って案内されたのは、「HJ天宙天寶修錬苑」の端っこにある湖に面した「孝情カフェ」という船のようなデザインの建物だった。なんでもこれも「二羽の千年鶴」を模しているという。この4階にあるレストランで昼食をとることにした。

メニューは一般的な韓国料理の定食で、味は普通においしかった。それを食べていると、すぐ近くのテーブルから日本語が聞こえてきた。見れば、40代くらいの女性たち4人グループで、おしゃべりに夢中になっている。誰かの友人のことを話題にしているのか、「だから、私もびっくりしちゃって」「それほんと?」なんて盛り上がっていた。

あの女性たちも「先祖解怨」にやってきたのだろう。ただ、「先祖が地獄に落ちている」などと脅されて高額な献金を支払っているにしては、ずいぶんと陽気だ。ここが教団施設でなければ、韓国旅行にやってきた女友だちグループにしか見えないほどだ。あの人たちも「マインドコントロール」を受けて、不安や恐怖を煽られてここにきたのか。

清平は堕落した人類を、野生のオリーブの木を真のオリーブの木に作り変えてあげる場所です。
-真のお母様のみ言(2015.10.24)-
HJ Heaven and Earth
CheonBo Training Center
レストランのトイレに貼られた張り紙

なんとも釈然としない思いを抱えながら食事を終えてトイレに向かうと、小便器の前に貼られた張り紙に目を奪われた。

「清平は堕落した人類を、野生のオリーブの木を真のオリーブの木に作り変えてあげる場所です」

個人的には、このような説法はキリスト教系の団体では珍しくない印象だ。最近は減ったが、地方で車を走らせていると、黒い看板に白い文字で「悔い改めよ」とか「救いの日は近い」なんて書いてあるものをよく見かけた。ああいうトーンを見ているので、旧統一教会だけが、特別変わったことを言っている印象はない。

とはいえ、実際のところはわからない。日本国内でジャーナリストや弁護士が主張をしている「霊感商法」について、韓国本部で働く彼らはどう考えているのか。立場的に、そう簡単に本音を明かすことはできないだろうが、とりあえず、田中さんや高橋さんに話を聞いてみよう。

「鈴木エイト」も「有田芳生」も知らない

食後にお茶を飲んで一服しようということで、我々は「孝情カフェ」の横にある「韓苑の家」（ハノンチブ）という韓国の伝統的な家屋に移動した。

朝鮮王朝時代の建物によく見られる、屋根が左右にせり上がっている「韓苑の家」は2階建てで1階がレストラン、2階が宴会場兼カフェとなっており、目の前に清平湖が一望できた。

このカフェで4人で韓国茶をいただきながら、私は田中さん、高橋さん、そしてドライバーの山本さんに対して今、教団に向けられている高額献金や霊感商法の批判や、山上徹也被告の事件に端を発する宗教2世の問題についてどう考えているのか率直に聞いてみた。まず、口を開いてくれたのは田中さんだった。

「まず、韓国では日本のように批判されるということはありません。やはり韓国ではキリスト教がかなり根ざしているということもあって、宗教心をもって、何かしらの団体に属していることが当たり前という感覚があるからです。もちろん、宗教批判がゼロということではなく、政権批判の流れの中で近しい宗教団体を批判するような人々もいますし、犯罪など社会的に問題があることをやった宗教団体は当然、糾弾されます。しかし、献金が問題だというのは、それぞれの団体でいろいろな考え方があるわけで、そんな中で家庭連合だけを批判するようなことがあれば、宗教界としても黙っていられないでしょうね」

確かに、日本では「宗教にハマった」という表現を無意識に用いる人が多いように、宗教団体に入ったこと自体で既に何かしら騙されているイメージを抱くほど、ネガティブだ。そういう国民性の違いはあるだろう。私が頷いて聞いていると、高橋さんも笑顔で語り始めてくれた。

「正直言って、韓国で生活をしていると、私たちがすごく世間から叩かれているということの実感はほとんどありません。あとは世代の問題もあるかもしれません。私は今年で30歳なのですが、鈴木エイトさんっていう方や、有田芳生さんっていう、うちの教団をずっと批判しているジャーナリストの方がいるということも、実は最近の報道で知ったくらいなんです」

35年前のバッシング時に小学5年生だった「祝福2世」の感想

意外だった。てっきり旧統一教会の信者ともなれば、自分たちの教義を「カルト」などと攻撃してくるジャーナリストのことは、組織全体で注意喚起をしていて、すべての信者が「サタン」と敵視をしていると思っていたのだが、若い世代はそれほど彼らの存在を意識していないというのだ。驚いている私を見て、隣にいた田中さんが助け舟を出す。

「私たちの親世代はマスコミにずっと批判されてきたという思いがありますので、ジャーナリストや記者という人たちにすごくアレルギーがあります。しかし、私たちのような2世の世代はそれほどではなく、特に20~30代になるとマスコミから攻撃された経験もないので、そもそも関心がないんですよ。高橋も私に有田氏の記事を見せて『このおじさんは誰ですか?』と質問してたくらいですからね。『宗教団体を追及していたし、国会議員にまでなった人だ』と教えたら驚いていました」

恥ずかしそうに恐縮している高橋さんの表情を見ても、嘘をついているようには見えない。では、高橋さんよりも10歳くらい年上に見える田中さんはどうか。

「私は44歳でちょうど前回マスコミがすごくうちを取り上げていた時が小学5年生だったのでよく覚えています。家の信仰がバレたら自分もイジメにあうかもしれないと怖かったですね。でも、私の場合はそういうバレないようにという努力を、うまく勉強やスポーツの方に向けられたのでよかったですね」

彼らは旧統一教会で合同結婚式をした父と母のもとに生まれた、いわゆる「2世信者」(祝福2世)である。日本では「小川さゆり」という仮名を名乗る「2世信者」の女性が「被害」を訴えて、記者会見で自分の両親や教団を批判して「解散請求」を求める運動を呼びかけている。このような動きを彼らはどう見ているのか。

「2世信者」に「信仰を継承した」という意識はない

「まず率直に、悔しい思いというのはありますね」

田中さんは言葉を選ぶようにゆっくりとした口調で語り始めた。

「私も44年生きてきて、両親とともに信仰を続けてきました。もちろん、組織ですからいろいろな問題はあるかもしれません。しかし、私たちの団体が世界平和に対してかなり貢献をしてきて、その実績があるのも事実ですし、私たちもそれを心の底から正しいと思ってやってきたわけです。にもかかわらず、小川さゆりさんという方のお話だけを取り上げて、私たちの主張をまったく聞いてくれない。私たちが反省しなくてはいけないところもあるにしても、あまりに一方的すぎる今の状況は正直、悔しいですね」

田中さんも高橋さんも合同結婚式をしており子どももいる。ということは、我が子にも同じ信仰を「継承」して「3世」になってもらいたいのだろうか。私が質問をすると、田中さんは首を振った。

「外部の人から見ると、親が子どもに信仰を押し付けているようなイメージがあるかもしれませんが、実は私たち2世の中で信仰を継承させるという感覚自体がありません」

田中さんによれば、父母世代は生を受けてから、いろいろな社会的なものに触れた後にこの教義が正しいという結論になったわけだが、彼ら2世は生活や社会体験の前に信仰がある。生まれた時から親の愛情を受けるのと同じように当たり前のように信仰があるので、何か特別に「継承」をしたという思いもないという。

「ですから、親が私を愛してくれたように、私も自分の子どもを愛していくだけです。親が普通にやっている、我が子に愛情を注いで人として大切なことを教えていく、ということが私たちの場合はたまたま教義と一緒というだけですね」

確かに言われてみれば、私たち無宗教の人間が「信仰2世」という響きを聞くと、「先祖代々が続く家業」のように、子どもがそれほど乗り気ではないものを、親が強引に受け継がせているようなイメージも抱いてしまうが、当事者からすればそうではないかもしれない。田中さんのように、生まれた時から、当たり前のように家庭の中に存在しているものなので、それを受け入れることはまったく「苦」ではない、という2世信者も確かに存在しているようだ。

信者が信じる「山上徹也と小川さゆりは何者かにそそのかされている」

ただ、一方で「小川さゆり」を名乗る女性のように、生まれた時から自然に触れていた信仰を全否定して、被害を訴える「2世信者」（祝福2世）が存在しているのも事実だ。

また、親が合同結婚式を受けたわけではなく、途中から旧統一教会の信仰に目覚めたということで、そこに対して反感と強い恨みを抱く山上徹也被告のようなケースもある。このあたりの問題について、彼らはどう考えるのか。質問を向けると、まず口を開いた、ドライバーの山本さんが答えてくれた。

「そういう人たちは結局、まわりの人から〝あなたたちは騙されている〟と言われて自分は被害者になったと信じ込んでしまっている部分もあると思います。なぜかというと、私の子どもがまさしくそうだからです」

実は山本さんの子どもは最近、教団の活動に対して前よりも積極的でなくなってしまった。それは日本のバッシングとはまったく関係ない。友だちが伝統的なキリスト教系団体の熱心な信者で、一緒にいるうちにこの友だちの考えにかなり影響を受けてしまったのだという。

「やっぱり人はまわりの人からいろいろ言われたら〝そうかな〟と思いますよ。しかも、子どもだったら親が苦労をしているのを見ていろいろ考えている時にマスコミとか弁護士とかに〝あれは間違っている〟と言われたら、そっちに引き込まれてしまう人もいますよ」

実はこの山本さんのような考えは、旧統一教会の信者からよく聞かれる。実際、教団内で「小川さゆり」を名乗る女性を昔から知る人々は、これまで彼女がそのような不満を口にしたこともなく、親子関係も良好だったにもかかわらず突然、あのような会見を開いて教団批判のシンボルになったことに違和感を唱える人も少なくない。そのため、「誰かにそそのかされたのではないか」という話がまことしやかに囁かれている。

山上徹也被告に関してもそうだ。

信者の中には、多額の献金を恨みに思っているのなら、まずはその教会の責任者などを叩くのが筋だがそうなっていないのがおかしいという人がかなりいる。また、韓総裁の殺害が難しいということで、安倍元首相を狙ったというのが山上被告の主張だと報道されているが、日本教会の幹部への憎悪を飛び越して、いきなり安倍元首相にいく、という論理の飛躍はあまりにも不自然だ。

そのため、何者かに「旧統一教会を潰すには、後ろ盾の安倍元首相を潰すべきだ」と「教唆」されたのではないか、と考えている人は信者に少なくない。つまり、「旧統一教会の霊感商法によって家族を崩壊させられて、まともな判断ができずに思いつめて安倍元首相を逆恨みしてしまったのでは」というマスコミ報道で語られる「ストーリー」とまったく逆のことが、教団内で語られているのだ。

「祈祷場」には思いのほかラフな格好の人が多かった

ただ、これは何も旧統一教会の信者だけが主張している話ではない。

ネットやSNSでは「山上徹也」が単に教唆されただけで、黒幕は別にいるという陰謀論はかなり広まっていて、「週刊文春」などはその疑いの目を向けられた海上自衛官に直撃までしている。

「〝安倍元首相暗殺〟疑惑の自衛官を直撃　男の端末に「事件現場の見取り図と大和西大寺駅の工事図面が保存」《検証レポート》」（週刊文春2023年5月9日）

さらに、山上徹也被告が安倍元首相を元凶だと結論付けた記事を書き、事件前に本人からダイレクトメッセージを受け取っていたジャーナリストの鈴木エイト氏に対しても、同様の「疑惑」の目を向ける人もいる。ご本人も記事でこう述べている。

《すでにSNS上では「鈴木エイトの書いたいい加減な記事を山上が読んで安倍さんが殺された」「鈴木エイトが山上を教唆した」などの悪質なデマが流布されている》（『現代ビジネス』2023年7月21日『【鈴木エイト】山上徹也の凶行に対する私の責任の取り方』より）

現時点で、事の真相はわからない。ただ、はっきりと断言できるのは、「山上徹也や小川さゆりは誰かに操られている」と考える人たちが、旧統一教会の信者の中にも、社会の中にも一定数存在しており、くすぶり続けているということだ。

「旧統一教会がこれまで叩かれなかったのは安倍元首相が裏で手を回して警察やマスコミを

抑えていた」という言説がネットやSNSで、くすぶり続けていたのとまったく同じだ。ということは、いつかそれを真に受けて、「行動」に起こす山上徹也被告のような人物があらわれるかもしれないということでもある。

３人からさまざまな考えを聞かせてもらった後、私たちは「天心苑」という祈祷場へ向かった。３つのアーチ門がある白い建物の中に入ると、板張りの床が広がっていて、ちょっと大きな体育館という印象で、正面には韓国の伝統的な衣装に身を包んだ文氏と韓氏の大きな写真が飾られていた。

祈祷場内には100人くらいがいて、みなジャージやスウェット姿で正座やあぐらをして、手を合わせてお祈りをしている。この日はすごく気温が高くて汗をかくからか、みなタオルを持って側にペットボトル飲料や水筒を置いている。

「祈祷のスタイルというのは特に決まりはないのですか？」と私が尋ねると、田中さんは「特にありません。動きやすい格好でいいですし、座り方も何か作法があるわけではありません」

マスコミやジャーナリストが「霊感商法の総本山」と批判している修錬所なので、そこかしこで怪しい儀式が行われていたり、「先祖が地獄で苦しんでいる」など恐怖を煽ったりしていないか痕跡を探してみたが、あいにくそのような痕跡は見つけられなかった。

また、「霊感商法の被害者」らしき雰囲気の人はいるのではないか、と祈祷を捧げている人たちの様子を観察してみたが、こちらも不安や恐怖で頭がいっぱいで、虚ろな目で祈祷をあげているような人の姿を確認することはできなかった。

ネットで「日本侵略計画」にされた「VISION 2027」

祈祷場を出た私たちは次に、すぐ近くに並んでいる5階建ての大きな建物へ向かっていった。頂上部分には「VISION 2027 VICTORY」という大きな看板が掲げられている。「あの建物はなんですか？」と私が質問をすると、田中さんが答える。

「こちらの建物には1階部分には富興百貨店とコンビニが入っていて、2階より上には天寶苑という記念館があります。あの看板は２０２７年の目標に向かってみんなで頑張っていこうということですね」

実はこの「VISION 2027 VICTORY」という目標が、ネット上では物議を醸し出している。旧統一教会は２０２７年に「神統一世界安着」を目指すというビジョンを掲げて、彼らが理想とする世界を目指す活動のひとつの節目として考えている。それがネット掲示板では以下のようなスレッドが立ち、「日本侵略計画」として捉えられてしまった。

《【悲報】統一教会「ビジョン２０２７」という計画に基づき「神日本」を建国するつもりだった》

もちろん、この「ビジョン２０２７」には、日本政府を転覆させるとか、韓国人が日本人を支配するなんて記述があるわけがない。あくまで彼らが考える「神の摂理に基づく理想的な世界」に基づいて、日本も「神日本」にしようという宗教観が語られているだけなのだが、ネットの人たちはそう解釈はしない。

「反日カルト」が安倍元首相をはじめとする自民党とのパイプを活用して、日本を裏で支配をしようと計画を練っていた、と解釈をする。事実、ネット掲示板では、「山上徹也はギリギリのところで教団の野望を打ち砕いて、日本を救ってくれた」などと英雄視をするような書き込みもあった。ここでも、旧統一教会という宗教団体が実像よりも「過大評価」をされているような、「ストーリー」がひとり歩きしている。

そんなことを考えながら、建物に近づくと1階部分の壁には高そうな鞄や靴を飾ったショーウィンドウが並んでいて、確かに百貨店の外観である。

教団施設内のデパートには「プラダ」などの高級ブランドも

金色の縁をされたエントランスを入ると、右側に「BUHEUNG DEPARTMENT STORE」という看板が掲げられており、ドレスやスーツを着たマネキンが並ぶ大きなショーウィンドウがあり、そこにはプラダやエルメスという有名ブランドのロゴも確認できる。

「この富興百貨店は信者以外の方も多く利用しています。このあたりの住民の方からすると、ソウルまで行かなくともいろいろな品が買えると喜んでいただいています」

そのような百貨店フロアの向かい側には、子どものキャラクターが大きく描かれたスペースがある。託児所かキッズスクールのようなもののようだ。そして、その横の通路に入って突き当たったところにはコンビニがあった。

店内には多くの客がいて買い物をしていた。韓国国内のどこにでもあるような普通のコンビニだったが、ちょっと違うのは、店内に教団の教えをまとめた書籍や、修錬をするためのTシャツやスウェットパンツなども売られているということだ。店の入り口にはやってくる信者のためなのか、文氏と韓氏の写真がおさめられたフォトスタンドがたくさん売られてい

富興百貨店。高級ブランドも扱っていて信者以外の地元客も利用をしている

コンビニのお土産コーナーには文鮮明氏と韓鶴子氏のフォトスタンドも

る。

この店内の雰囲気はなんに似ているのかを考えていたら、何かわかった。大学内にある購買やコンビニだ。あちらでも食品や飲料や生活雑貨が売られる一方で、教科書やちょっとした運動着なども扱っている。若い信者が意外と多いので、なおさらそう感じるのかもしれない。

コンビニを後にして一度、建物の外に出て回り込むと、2階にある「天寶苑」の入り口があった。中に入ると高さ5メートルくらいはあるだろう、巨大な液晶パネルがあってそこには大海原が映っていた。

平和活動の記念館「天寶苑」にメディア初潜入

巨大なパネルの傍には、若い男性がニコニコして立っていた。一瞬、外国人かなと思うほど彫りの深い顔で、眉毛もきりりとしていた男性は丁寧な口調で自己紹介をしてきた。「天寶苑」の職員で今回、私に内部を案内してくれるという。

「実はこの施設をメディアの人にご案内をするのは、窪田さんが初めてなのでちょっと緊張

デパートも入る「天寶苑」(左)と、式典などを行う「天城旺臨宮殿」(右)

をしておりますが、よろしくお願いいたします。わからないことがあれば、なんでも質問をしてください」

人なつっこい笑顔で、そのように挨拶をした彼の名前は、安里さん(仮名)。沖縄の出身で彼も「2世信者」(信仰2世)だという。合同結婚式で日本の女性と夫婦になった後、韓国にやってきたが2人とも日本人だと、韓国社会では何かと生活に不便なので、彼が韓国に帰化をしたという。沖縄の人らしく明るく素朴な雰囲気の安里さんは身ぶり手ぶりを交えて、天寶苑についての説明を始めた。

「この施設は一言で言えば、平和活動の記念館です。文先生と韓総裁おふたりが世界平和に向けた活動の歩みと、私たち信者の活動の歩みについて記録をした施設だとお考えください」

そう言って、安里さんは私をワイン色で縁取られた入口の前に案内した。その先の通路は照明がなく暗いが、角を曲がった方から明かりが漏れていた。

「世界平和と言うと、一般的には戦争や争いがない世界のことだと思われるでしょうが、宗教的に言うと、神様が中心の世界ということになります。私たち家庭連合は、そのような神様を中心とした世界で、真のお父様お母様に近づきたいということで活動をしています。では、具体的に平和な世界とはどういうところかというのを、この先で再現しています」

安里さんの後について、通路を進んでいった先の展示室には、確かに「平和な世界」があった。広い草原に大きな木が立っていて、あたりは鳥や蝶が飛んでいる。足元をみると小川が流れていてそこには魚も泳いでいるのだ。

「チームラボ」の作品を思わせる幻想的なデジタル空間

と言っても、もちろん現実ではない。これらはすべて壁や床にプロジェクターで投影された、いわゆるプロジェクションマッピングだ。

「ここは聖書の一番最初に出てくるエデンの園を再現したものです。世界平和の場所では、人間が歩いていると万物がついてくるという話がありまして、ここはそれを実際に体験ができる施設となっています。どうぞ歩いてみたり、いろいろなものに手を触れてみてください」

そう促されて部屋の中を歩くと、私が歩いた床に次々と花が咲いていく。また、壁に投影されている、羽ばたいている鳥に触ってみると、「實」という漢字に変わった。また、飛んでいる蝶に触ったら突然、巨大な象へと変わった。さらに触っていると、象が激しく体を動かして「パオーン」と大きな鳴き声を上げた。

実際に体験をしてみた率直な感想は「チームラボに似ているな」ということだ。ご存知の方も多いだろうが、「チームラボ」はプロジェクションマッピングなどのデジタル技術を駆使したアート作品をプロデュースしている会社で、日本のみならずアジア各国のさまざまな都市でイベントの開催をしており、現在も東京・豊洲で「チームラボプラネッツ」と銘打ち4つの巨大な作品を展示している。

この「チームラボ」のイベントを筆者も何度か訪れたことがあるが、まさしくこのような動物や自然をモチーフにした世界観の中で、手に触ると何か変化をしたり、水の上を歩くと波紋ができた。もちろん、空間の規模やテイストは違うが、同じ種類の「体験型アート」である。

天寶苑内にある「エデンの園」を再現したプロジェクションマッピング。 床を歩くと足跡に花が咲く

壁に投影された蝶に触れてみると、急に巨大な象に変身する。 訪れた信者の子どもたちも喜ぶという

「これは子どもとか連れてきたら喜びそうですね」

私がそう言うと、安里さんは「そうなんです、うちの子どもも連れてきたらこんな感じで大ハシャギでしたよ」と、ちょっとおどけた感じで、両手をあげて壁に投影された動物に向かって走っていった。

「闇の世界を進むと現れる真の父母様」という演出

ただ、この部屋は「チームラボ」のように、ただ楽しむだけではなく、教義のための教育効果もちゃんと併せもっている。

しばらく部屋にいると、正面の壁に投影されている大きな木にリンゴがなった。それに手を伸ばして触れようとすると突然、周囲が暗くなって巨大な蛇が現れるのだ。

「聖書にもあるように、アダムとエバが知恵の実に手を伸ばして食べてしまったことで、人類の堕落が始まるわけです。そして、神様が本来つくりたかったような世界がなくなってしまうんです。それを次の部屋で表現しています」

そう言った安里さんについていくと、次の部屋では壁一面に大きなスクリーンがあって、幻想的な模様が投影されており、やがて苦悩する男性の姿が映し出された。

「アダムとエバが犯した罪によって、世界は不安と恐怖に包まれてしまいます。そして、それがカインとアベルに継承されて、私たち人類全体、国や社会に闘争が広がっていくというイメージを表現しています」

この映像を視聴した後に進むのは、完全な暗闇の通路だ。まったく何も見えないところを手すりを頼りにして進んでいくのである。安里さんによればこれは「闇に閉ざされた世界を歩く神様と同じ体験をしている」のだという。その闇の通路を抜けていくと、ふいに小さな光が現れる。なんだろうと目を凝らしていると、それは文氏と韓氏が並んだ写真である。

闇に包まれた世界を照らす救世主——。あまりにもわかりやすい演出に、自然に笑みがこぼれてしまったが、純粋な信仰心をもつ人たちからすれば、このようなコースを歩むことで、文氏と韓氏の偉大さをあらためて感じることができるのかもしれない。

文氏と韓氏が結婚した教会も「フォトスポット」として再現

漆黒の闇に包まれた部屋を出ると、円形の空間だった。中央には文氏と韓氏の像が置かれていて、それを取り囲むような方形で、写真や年表が展示されている。文氏と韓氏が生を受けてどのように子ども時代を過ごして、成長をして出会い、結婚をしたのかという道のりが紹介されているという。

「文先生も韓総裁もお生まれになった時に、ご両親が神様から〝これから生まれる子は人類にとって重要な存在だから大切に育てなさい〟というような啓示を受けたという共通点があります。じゃあなんで神様はおふたりを選んだのかというと、韓民族というのが、神様と同じ境遇の民族だからです。韓民族は他国から侵略されたことはあっても、侵略をしたことがありません。また、国を分断されるという困難にもあっている。こういう神様との共通点から韓民族の文氏と韓氏を選ばれたのです」

安里さんの身振り手振りを交えた熱の込もった説明に耳を傾けてから、次の部屋へ向かうと、そこには古い建物の一部が再現されていた。瓦屋根に白い壁、ガラスの窓があり、そこのひとつには、若かりし日の文氏と韓氏のモノクロ写真が飾られている。

「これは昔の本部教会で、文先生と韓総裁はここで結婚をされました。建物自体は今もソウルの龍山区青坡洞に残っています」

再現された建物の中に入ると、内部も当時の教会が再現されていて、暗い室内では壁に古い映像が投影されている。文氏と韓氏の結婚式を撮影した貴重な映像だという。

もともとは韓氏の母親が統一教会の信者だったということで、娘の韓氏も13歳に教会に行き、その後、通うようになる。そして、1960年、17歳になった韓氏は40歳の文氏と結婚した。今の感覚では、かなり年の差婚だ。

建物の前の床に白い線があった。安里さんによれば、ここに立って事前にスマホで読み取ったバーコードを近くの読み取り機にかざすと、記念撮影ができるという。

以前、横浜みなとみらいにある「カップヌードルミュージアム」に行った時、日清食品創業者の安藤百福氏が世界で初めて「インスタントラーメン」を開発した、木造の掘立て小屋が再現されていたことを思い出した。この再現展示でも、多くの観光客が記念撮影をしていたが、それと同じように旧統一教会の信者も、「真の父母様」が誕生した地を感慨深く見学をするのだろう。

教団に貢献した世界中の信者が液晶パネルで「展示」される

その後もさまざまな展示を見学させてもらった。

旧統一教会の「合同結婚式」のこれまでの歩みを写真をまじえて展示されているコーナーや、この「HJ天宙天寶修錬苑」や清平の地がどうやって開発されていったのかということを、当時の建築現場を室内で再現したフロアや、この清平のジオラマにプロジェクションマッピングを投影して、いかにこの地が発展していったのかを解説するような展示もあった。

さらに、宗教団体ならではだなと感じた展示としては、教団の平和活動にこれまで貢献してきた夫婦の名前や写真が大きな液晶パネルで映し出されるような部屋だ。

この部屋は液晶パネルがたくさん並んでいて、ランダムに信者夫婦が映し出されるのだが、そこには韓国人や日本人だけではなく、白人、黒人、ヒスパニック系などさまざま国や人種の人々がいる。教団の説明では、信者は世界194カ国にいるというが、これを見ると納得だ。

さらにここにはデータベースもあって、信者の名前を打ち込むと、該当する夫婦の写真が大きなパネルに映し出される。つまり、「天寶苑」を訪れた信者は自分の両親や、縁の深い友人などのことも確認できる。そこで誇らしげに感じると同時に、自分自身もこれからもっと教会の活動を頑張ろうという感じで、励みになるというのだ。

また、文氏と一緒ではなく、あくまで「韓氏だけ」にフォーカスをあてたフロアもあった。

これまで韓氏が歩んできた人生はもちろん、総裁になってからの実績。さらには、韓氏の母親である洪順愛氏の人生や、その功績を称えるような展示もあったのには驚いた。聞けば、教団では洪順愛氏は「真のお母様を育てた偉大な母」という位置付けで、「大母様」と呼ばれているらしい。

この展示フロアの最後には、文氏が亡くなった後、3年間これに座って祈祷を続けていたという「椅子」が「玉座」として展示されていたことからも、信者たちにとって韓氏が絶対的な信仰の対象であることが伺えた。

教団の「聖地」は訪問者を楽しませるサービス精神に満ちていた

そのように「天寶苑」をすべて見学してみて、私が抱いた率直な感想は、「面白かった」ということだ。

誤解なきように断っておくと、彼らの「教義」に共感をしたとか、感銘を受けたという話ではない。一生懸命、額に汗をかきながら説明してくれた安里さんには大変申し訳ないが、大前提である文氏と韓氏が神様に選ばれた救世主だというストーリーが私にはどうしても受けいれられないので、いくら天国だ、世界平和だと言われても正直ピンとこない。

ただ、純粋に「娯楽」として堪能した。例えるのなら、日本とまったく異なる宗教や文化をもつ海外の人々の考えや暮らしを展示する博物館を見学して、「へえ、こんな考えの国があるなんて、やっぱり世界は広いな」と関心をするような面白さのあった施設だ。

しかも、ちゃんと見せ方や伝え方に工夫をしている。「天寶苑」を訪問した信者たちを「客」として、退屈させないようにする配慮が随所に感じられた。宗教施設と言うよりも、商業施設の中にあっても違和感のないほど、「見どころ」とサービス精神に満ちていた。

その代表が、旧統一教会を批判する人々が「霊感商法」の温床になっていると指摘している「先祖解怨」の概念を体験できる部屋だった。

この部屋も、先ほど紹介した「エデンの園」と同じく、プロジェクションマッピングによって幻想的な映像が映し出されている部屋なのだが、ひとつ異なるのは部屋の中に、白い球体が先端についた４つの柱が立っていることだ。

部屋の出口には記念写真も
まるでディズニーランドのアトラクション？

この柱には自分の生年月日など情報を入れたカードの読み込み口があるので、そこにカードを入れてから白い球体のところに手をのせると、プロジェクションマッピングに「真の父母様」からその人だけに向けて、メッセージが現れる。

安里さんから「せっかくなので窪田さんもやってみましょう」と勧められたので、カードを入れて球体に手をのせると、近くの壁が光った後に、「私は地の気質をもって生まれました」という。どうやら私の霊的な性格のようなことを診断してくれているらしい。そして、「真の父母様からのメッセージです」という言葉に次いで、こんな文字が浮かぶ。

「一緒にしようとする心が尊い」

安里さんが気恥ずかしそうな顔をして「今の私たちをあらわしていますね」と笑った。私にこのツアーを少しでも楽しんでもらおうという、彼なりの〝演出〟だったのだ。

このような「サービス精神」は、天寶苑の出口にある「記念写真コーナー」にもよく現れている。見学コースの最後には、液晶画面にタッチペンでメッセージを書いて、カメラで自分の顔を撮影できるようなところがある。それを利用すると出口付近にある大きなパネルに、自分の顔写真と自分が書いたメッセージがのった「ロウソク」の画像が映し出されており、その画像は自分のスマホに転送することができる。

趣旨はまったく異なるが、ディズニーランドのようなアミューズメントパークで、アトラクションに乗った後、出口付近で乗客が楽しんでいる画像が、パネルで映し出されるのと同じような雰囲気なのだ。

「宗教テーマパーク」の完成度の高さはどこからくるのか

このように「訪れた人を楽しませる」というエンターテイメント性はこの「天寶苑」だけではない。実は「天正宮博物館」や「天苑宮」を訪れた時にも感じられた。

これが旧統一教会の「聖地」に足を踏み入れた私が感じた率直な感想と「違和感」である。

一般的に新興宗教の「聖地」と言えば、神様を象徴するような像や品があって、信者たちが儀式をする聖殿や参拝所、身や心を清めるような場所や修錬場など、宗教的に意味のある施設が並んでいるイメージだ。

よく言えば、ストイックで敬虔。悪く言えば、信仰をもたない部外者からすれば、なんのこっちゃというほど浮世離れした退屈な場所である。

しかし、旧統一教会の「聖地」はそういう印象はまったく受けなかった。

信仰心がまったくない、「神」という存在にむしろ否定的な私でさえも、この教団がどんな考えに基づいているのか、文鮮明や韓鶴子という人が、どんな生涯を生きて、これまで何を成し遂げた人なのかが理解できて正直なところ、「へえ、そんな感じの人なんだ」と知的好奇心も刺激された。

そして、教団施設内は、宗教ならではの堅苦しい雰囲気もなく、カフェや憩いの場もあり、周囲の豊かな自然を楽しむ散策コースもある。文氏や韓氏が愛した樹木や、つつじ苑、祈祷をした見晴らしのいい展望台のような場所も複数存在している。じっくりと見学をしようと思ったら、1日では足りないほど充実をしている。

誤解を恐れずに言ってしまうと、「テーマパーク」のようなのだ。

そして、そんな俗っぽいところが、信仰を失くした元信者や、ジャーナリストや弁護士からこの宗教団体が執拗に攻撃をされるところではないのかとも感じた。

このテーマパークとしてもあまりに完成度の高い「聖地」を回って、筆者が率直に感じたのは「カルト」ではない。韓国社会にしっかりと受け入れられて、訪問者を楽しませるエンターテイメント性や最新技術を用いた展示、さらには現代アートの展示などしているあたりが、「民間企業」のようなのだ。

民間企業のような印象が、旧統一教会バッシングにも影響？

その新興宗教ぽくないところが、この教団への憎悪をさらに強めているのではないか。

実際、教団を批判する元信者やジャーナリストたちは、韓国の教団本部がこれだけ豪華施設をつくることができるのは、日本の信者に重いノルマを課して献金をさせている、という「経済的搾取の構図」があると主張している。そして、その「搾取」をスムーズに行うために、教団の「聖地」である清平にツアーを組ませて、「先祖解怨」という儀式をしているという。

そのような疑念を抱き始めた人が、この「聖地」を訪れたり、人づたえで内部の話を聞いてみたら、「やっぱり」と思うのではないか。

韓国の教団本部に対して、「お金ばかりを騙し取って」と疑念を抱く人が、天正宮博物館や天寶苑を見学すれば「疑惑」が「確証」に変わってしまうのも無理はないかもしれない。それほど、この「聖地」は〝宗教テーマパーク〟としての完成度が高いのだ。

なぜこうなってしまうのか。

私はそこに韓国の旧統一教会ならではの事情があると考えている。実は韓国の人々が「旧統一教会」と聞いても、宗教団体をすぐに連想する人は少ない。「統一産業」という経済活動をしている企業グループという印象が強いのだ。

そこで次は、この「統一産業」の中の中核企業であるリゾート開発企業の中に足を踏み入れてみたい。

第3章

韓鶴子が「オーナー」のホテル&リゾート

平昌五輪でも注目された韓国の人気リゾート

韓国の北東部に「江原道《カンウォンド》」という行政区画がある。

朝鮮半島の日本海側に面していて北上すると、北朝鮮との境界線、いわゆる「38度線」がある。ソウル特別市がある京畿道《キョンギド》と並んでいるので、ソウル市内からは高速鉄道で2時間ほどで主要な駅に行くことができる近さだ。

「カンウォンド」という響きに「どこかで聞いたことがあるな」と感じる方も多いかもしれない。この江原道には「平昌」という地域がある。言わずとしれた、2018年の冬季オリンピックの開催地だ。

冬季五輪が開催できるほどなので、平昌には「スキーリゾート」が多く点在している。日本でもあるような、いくつものゲレンデをもつ大型スキー場と、その麓にホテルやコンドミニアムが点在しているものだ。アルペンシアリゾート、フェニックスリゾートなどが有名だが、その中でも人気と知名度を誇るのが、「ヨンピョンリゾート」(龍平リゾート)だ。

1975年に開業したこのスキーリゾートは、韓国のスキー人気を牽引したと言ってもいいだろう。日本と同じく韓国でもスキー人口が一時期大幅に減少してしまって経営難に陥ったこともあったが、2002年に放映されたドラマ「冬のソナタ」のロケ地になったことで、韓国人だけではなく、日本人の「聖地巡礼ツアー」で息を吹き返した。

2018年になると、平昌オリンピック、平昌パラリンピックではアルペンスキーの大回転・回転競技の会場として世界中から選手や観光客が訪れたほか、韓国国内では社会現象にもなったほどヒットした人気ドラマ「トッケビ」のロケ地として、再び注目を集めた。

そんな韓国を代表するスキーリゾートを実は旧統一教会系企業が所有している。正確には、韓鶴子総裁がオーナーとして実権を握っている企業グループに含まれる「株式会社HJマグノリア龍平《ヨンピョン》ホテル&リゾート」という企業が運営しているのだ。

ヨンピョンリゾートの経営幹部が明かした「韓氏を意識したリゾート名」

今回、私はその「ヨンピョンリゾート」を訪れた。旧統一教会の経済活動を支える「グループ企業」の実態を知りたくて、同社に取材を申し込んだのである。

高さ1458メートルの発旺山《バルワンサン》の麓に広がるリゾートの敷地に入ると、周囲には多くのコンドミニアムが並んでいた。かなり高層の建物もある。それらを横目に見ながら進んでいくと、目の前にさまざま国の国旗が掲げられている、三角屋根の10階建ての大きなホテルが現れる。

これがヨンピョンリゾートの中心部、「Dragon Valley Hotel」（ドラゴンバレーホテル）だ。入り口に入ると、落ち着いた山小屋のような雰囲気のロビーがあり、「MONA YongPyong」という看板が掲げられている。多くの観光客で賑わっていた。フロントで名前と取材の旨を伝えてしばらく待っている間、ロビーとつながっている別棟を覗くと、壁面に「愛天愛人愛国」という大きな書が飾られていた。文鮮明氏によるものだという。

やがて黒いポロシャツ姿の恰幅のいい男性と、白いポロシャツ姿でメガネをかけた痩せ型の男性が現れた。名刺交換をすると、恰幅のいい男性は、ヨンピョンリゾートの運営を任されている、「龍平ホテル&リゾート」の専務で、痩せ型の男性は、広報部長だという。

挨拶も早々に、ロビーで見かけた「MONA YongPyong」の「MONA」とは何かと質問をしたら、専務はよくぞ聞いてくれたという顔をしてこんな説明をした。

「このヨンピョンリゾートは今年で50周年を迎えます。それを迎えるにあたってさまざまな取り組みをしていて、２０１８年からはリゾート名を〝MONA YongPyong〟に変えました。

〝MO〟は〝Mother〟という意味で、〝NA〟は〝Nature〟という意味です。また、韓国語では〝みんな〟を意味するのがモドゥで、〝私〟はナです。この2つの意味をかけて、私たちは発旺山を美しい母に喩えて、この母なる山のぬくもりの中で、まずはみんなの幸せを考えることで最終的には自分自身も幸せになるという願いが込められています」

旧統一教会の関連施設で「マザー」という言葉を聞くと、どうしても韓鶴子総裁が思い浮かぶ。そちらの意味もあるのかと質問をすると、専務は笑顔で頷いた。

文鮮明氏は「土地」の未来を見抜く予見力があった?

そこで2人に会議室に案内されると、さっそくこのヨンピョンリゾートと旧統一教会の関係を尋ねた。専務が説明をしてくれた。

「ヨンピョンリゾートは1973年に開業しまして(スキー場は1975年に開業)、その時は産業グループという企業グループが開発をして運営をしていました。しかし、国内のスキー人気が落ち込んで破産をしてしまう。それを2003年に買収したのが、統一グループです。もともと真の父母様がこのリゾートに訪れていて、いたく気に入っていたということもありますし、お父様には釣りに関するみことばもありますから、リゾートを運営するという構想もあったのでしょう」

この経緯については、さまざまな韓国メディアで報じられているので、それらの情報もまじえて、流れを簡単に説明しよう。

1998〜99年に当時の運営会社が「龍平スキー場」の一帯を売ろうと市場に出した時、「まず現金1000億ウォンを先に渡してほしい」というのが条件のひとつだったという。当時、他の財閥系企業も買おうと思ったが、なかなか現金で1000億ウォンを用立てるということに躊躇していた。

そこに手を挙げたのが、統一グループだった。当時、「世界日報」がソウルの龍山に1万坪の土地をもっていて、これを3300億ウォンで売っており、そこから現金1000億ウォンを用意したのではないかという。

ちなみに、この買収劇でよく語られるのは、文氏は「土地に対する透視力」をもっていたのではないかという話だ。発旺山はもともと「八王山」と呼ばれて、四方八方から王が集まる山と言われていた。そして、実際に平昌冬季オリンピックが開かれ、世界中からこの地に数十カ国の首脳、首相、王族が集まった。この程度の「予見力」がなければ宗教団体のトップは務まらないというわけだ。

また、この逸話をもってして、文氏が「龍」という文字がつく土地を好んでいたのではないかということもよく言われる。資金をつくった「世界日報」の敷地も龍山で、ここはもともと「鉄道専門大学附属高等学校」という鉄道関係の高校があって、それを買収したものだ。そして、その龍山を売って手に入れたのが「龍平」である。文氏は「王」をあらわす「龍」という文字をもつ土地に、何かしらの宗教的な意味を見出していたのかもしれない。

「信者ではないけれど、教えに感銘を受けて祝福は受けている」

そんな「龍平リゾート」の成り立ちについて、「真の父母様」や「真のお父様」という表現を用いて説明をするということは、専務も旧統一教会の信者なのか。私が質問をすると、専務はさも当たり前だという顔で頷いた。ただ、このヨンピョンリゾートの従業員の大多数は信者ではないという。

ヨンピョンリゾートを運営している「ＨＪマグノリア龍平ホテル&リゾート」にはおよそ800人の社員が働いている。そして、このリゾートを運営するにあたって夏や冬のハイシーズンに採用するアルバイトも含めると1000人から1500人にも膨れ上がるが、信者は数えるほどしかいない。

「広報部長もそうです。彼は信者ではありません」と専務が言うと、広報部長は笑顔で頷いてこう述べた。

「学生時代から周囲に信者がいて、教団の教えを聞いて感銘をするところもあったので、祝福だけは受けています」

学生時代からこのリゾートでアルバイトをして卒業後にそのまま就職をしたという彼が通っていた大学は、旧統一教会が運営する大学「鮮文大学校」だ。日本人の感覚では、「宗教団体が運営する大学＝信者が通う大学」かもしれないが、この鮮文大学校に通っている者の多くは、信者ではない。韓国国内では大学としての評価も高く、一般市民の多くは、そもそも旧統一教会が運営していることさえ知らない、気にしていないというのだ。

それはこのヨンピョンリゾートも然りだ。ソウルなどからやってくる人たちの多くは、ここを「旧統一教会が運営するリゾート」と意識をしない。純粋に昔からあるスキー場、週末や休暇を楽しく過ごすことができる「リゾート施設」としてやってくる。

傾いたスキー場を復活させた「統一グループ」の改革

もちろん、このような韓国国内での評価を得られるようになるまでの道のりは決して楽ではなかった。

日本国内の「旧統一教会報道」では、日本のマスコミを裏で操る旧統一教会が「冬ソナブーム」を起こして、日本人観光客が大挙して押し寄せて、その後は平昌冬季五輪を誘致したことで、巨額の利益を得た——というような話が流布されているが、リゾートの運営、しかも冬にしか掻き入れ時のないスキー場の経営再生はそんなに甘っちょろい話ではない。

前の会社から買収をして、統一グループが本格的に運営を開始したのは2003年。当時、確かに日本では「冬ソナ」の「ヨン様」が大ブームになっていて、ロケ地であるヨンピョンリゾートにも「聖地巡礼」として訪れる日本人観光客はそれなりにいた。が、収益の柱であるスキー場の営業はかなり難しくなっていた。そこで同社はさまざまな「プロジェクトの見直し」に乗り出した、と専務は言う。

「まず、多くの人がリゾートとして滞在できるようにコンドミニアムを多く建設しました。そ

ドラゴンバレーホテル前の広場には家族連れが楽しめる施設が充実していた

して、スキーだけではなく夏も楽しめるように2008年には、韓国初となる標高700メートルにあるウォーターパークをオープンさせました。そして2009年にはグリーンヨンピョンというスローガンを打ち出したのです」

これは環境配慮型の自然派リゾートというコンセプトで、当時はかなり珍しかった。単にスキーをするだけではなく、豊かな自然の中を散策するネイチャーツアーを企画。さらに、自然素材を用いた健康食品の開発と販売も始めた。

このような新規プロジェクトを次々と打ち出したこともあって、2016年に同社は、韓国国内ではリゾート企業として初めて株式市場に上場を果たす。現在、韓国国内では多数のホテルチェーンやリゾートホテルを展開するような企業も増えてきたが、リゾート単体でみると、このヨンピョンリゾートはかなり上位に入るという。

「今、我々が力を入れているのは、花のエキスを使った自然の甘味料で、これは砂糖の１００倍の甘さがある。砂糖のとりすぎが健康に余り良くないということは証明されていますので、それに代わるものとして、外食企業へ提供したり、ホテル内の飲食店で使っています。ただ、こういういろいろな取り組みをしていますが、やはりこのヨンピョンリゾートを大きく成長させたのは、発旺山の観光整備ですね」

韓国一の長さを誇るケーブルカーで上がっていく発旺山の頂上には今、韓国国内だけではなく、中国や東南アジアから多くの観光客が訪れている。そんな説明をした専務は「申し訳ないが次の会議がある」と言って席を立った。

「世界のいろいろな有名観光地をベンチマークに研究して、発旺山の豊かな自然を楽しんでいただけるような施設を整備しています。そのあたりはぜひ広報部長に案内をさせますので、実際にご覧になってみてください」

韓国一のケーブルカーが導く「ガラスの床の展望台」

広報部長について、ドラゴンバレーホテルの外に出ると、そこには見渡す限りの広い芝生広場となっていた。トランポリンを用いた逆バンジーが楽しめる「ユーロバンジー」や、プールに浮かべた大きなビニールボールの中に入る「アクアボール」、電動自動車など子どもが遊べるような施設の横には野外ステージがあって、テーブル席が並べられている。

ここでは毎日夜の七時からアーティストがライブをやっていて、バーベキューをしながら音楽を楽しむことができるそうで週末にはかなり賑わうという。ちょっと離れたところには、ドーム型のテントがいくつかある。グランピング施設でこちらもかなり盛況で、他にもリュージュや、一人乗りのローラーコースターなどのアトラクションもある。

そんな広場を横切って、ケーブルカー乗り場がある「ドラゴンプラザ」という建物に入る。ここは冬季はスキーハウスになるということで、フードコートなど「冬ソナ」や「トッケビ」など人気ドラマのパネルが置かれたフォトスポットも飾られている2階フロアに上がっていくと、目についたのは「モナベーカリーXコーヒーMステーブル」という非常におしゃれな

モナヨンピョンリゾートのドラゴンプラザ。ここから韓国で最長の長さを誇るケーブルカーで山の頂上までおよそ20分

モナベーカリー Xコーヒー Mステーブルのオリジナルマグカップ。韓鶴子氏も愛用しているという。

カフェだ。

広報部長によれば、店の中央には韓国国内でも珍しい、かなり高額な音響機器を設置していて、そこから流れる音楽を楽しみながら、最高級の豆を用いたコーヒーを味わうことができるという。そんなカフェの中には、物販コーナーもあって、専務が言っていた、独自開発の自然素材を用いたパンや、自家製のキムチなども売られていたほか、このカフェのノベルティグッズも並んでいた。その中のコーヒーカップは、韓総裁も愛用しているという。

カフェや土産物屋コーナーを通り過ぎると、ケーブルカー乗り場が現れる。8人乗りのケーブルカーはドイツ製で100台が運行をしているそうだ。そのケーブルカーに揺られて発旺山の斜面を上がっていく。片道3・2キロでおよそ20分間の空中散歩である。

緑豊かな発旺山や、周囲の自然に見とれているうちに、ケーブルカーは頂上に上がってきた。そこでまず視界に飛び込んだのは、吊り橋のような展望台だ。中央の円形部分に高いポールが立っていて、そこからワイヤーが何本も伸びている。そして、円形部分から突き出した形の細長い部分に、観光客がたくさんいるのが見えた。

「あれが2021年にオープンしたスカイウォークです。周囲の山並みが一望できるのに加えて、床がガラスになっているのでまるで空中を歩いている気分が味わえます」

豪華施設と海外進出の資金源は「日本」？

ケーブルカーを降りて、スカイウォークへ向かうと確かに３６０度、山々に囲まれた絶景だった。近くの山には風力発電の風車が並んでいる。これは「アンバンデギ」という標高１１００メートルの高原村で、ここで栽培される白菜はブランド野菜として人気だという。

円形部分から突き出したフロアの先端は全面がガラス張りになっていて、確かにそこに立つと足がすくむ。中国人観光客の団体がやってきて、ガラス張りで大はしゃぎだった。彼らからスマホを預かって記念撮影をした広報部長が、私のそばにやってきて山並みのはるか向こうの、少しだけ海の見える方角を指して言った。

「あそこにも私たちが運営している、パインリッジリゾートという施設があります。ここはゴルフ場が併設されているほか、天然温泉のチムジルバンもあります」

チムジルバンとは韓国式サウナや温浴施設のある、いわば韓国の温泉施設のことだ。ゴルフを楽しんでゆったりとしたい人はあちらの施設を利用するという。

この説明からもわかるように、実は「ＨＪマグノリア龍平ホテル&リゾート」はヨンピョ

スカイウォークの上から眺める360度のパノラマ。周囲の山々が一望できる

頂上にあるスカイウォーク。21年にオープンした

ンリゾートの運営をしているだけではない。先ほどいった「Pine Ridge Resort」（パインリッジリゾート）のほか、ソウルから南西の方に忠清南道保寧市の武昌浦《ムチャンポ》海岸には「Beache Palace」（ビーチェパレス）というビーチリゾート、そして釜山の近くの麗水《ヨス》市でも「The Ocean Resort」（ジオーシャンリゾート）でも、ゴルフ場やウォーターパークを併設したリゾートを運営しているのだ。

広報部長に、これからもリゾートを拡大していくのかと尋ねたところ現在、統一グループとしては、このヨンピョンリゾートと同じ江原道にある、江陵《カンヌン》という地域の開発をしているという。ここは美しい海岸が多く、夏になれば海水浴客であふれかえるほか、世界的な人気を誇るボーイズグループ「ＢＴＳ」のＰＶやジャケット撮影などが行われた場所が多数あって、世界中からファンが「聖地巡礼」に訪れている。

「このような国内の展開に加えて、これから進めていくのは海外進出です。これまで培ってきたリゾート運営のノウハウをいかして、マレーシアのある地域で計画を進めています」

日本の教団に批判的なジャーナリストや弁護士は、ヨンピョンリゾートのような韓国の旧統一教会系企業というのは主に、日本人信者からの莫大な献金で運営されている、ということがよく言われているが、ここまで手広く事業を展開して海外進出までしている。

清平の豪華施設も含めて、さすがにこれがすべて「日本人信者の献金でできた」というのは、話としてはちょっと無理があるのではないか。

もちろん、清平の施設は、教団のものなので、信者からの献金が原資に当てられているはずだ。しかし、「統一産業」などの関連企業は、一般の営利企業としてしっかりと事業を展開しており、ホームページなどで株主向けなどのIR情報も公開している。そのような企業まで、日本人信者の献金が使われているというのはさすがに無理がある。

観光客に人気のパワースポットの「命名者」は韓総裁だった

スカイウォークを下りると、今度は昨年オープンしたばかりだという「千年樹アララギ 森の道」というハイキングコースを案内してもらった。

と言っても、山道を歩くわけではなく山頂周辺につくられた木のスロープをたどっていくもので、アップダウンもかなり激しく、すべてのコースを歩くのは1時間から1時間半かかる。

しかも「千年樹アララギ 森の道」は、ただ豊かな自然を満喫できるだけではない。コース内に人間が生きていくうえで大切な教訓を体現するという14の「木」が点在しており、それを回ることで、人として大きく成長できるということで、頂上を訪れた観光客たちはこのコースをたどっていく。いわば、「パワースポット巡り」のようなものなのだ。

山の頂上に、このようなハイキングコースを整備した理由を、広報部長はこのように語った。

「この頂上付近をネイチャーツアーなどで歩き回っている中で、私たち職員がいろいろと不思議な形をした木を見つけました。そこで、これらを観光客のみなさんにも楽しんでもらおうと、職員たちみんなでいろいろな哲学的な意味付けをしたんです」

さて、このような話を聞くと、勘のいい方はお気づきだろう。清平の「聖地」を訪れた時に、職員の田中さんが説明してくれたように、キリスト教には「木」は人を象徴するという考え方があり、旧統一教会も同じく「木」が非常に大きな意味をもつ。

そもそも、天正宮博物館のところにも「聖地」をつくるきっかけになった「一松亭」という大きな松の木がある。そして、信者たちが祈祷や先祖解怨を行う「修錬苑」の中央にも信者たちが集う「愛の樹」があるし、修錬苑の内部にある聖地巡礼コースにも、「忠誠の樹」「万物の樹」「心情の樹」などのスポットがある。

つまり、この「千年樹アララギ 森の道」というパワースポット巡りも、旧統一教会の教義に基づいたものだ。それがよくわかるのが、コースの最初の方にある「The Only Mother Tree」だ。

この木はコースの最初の方にあるのだが、非常に人気が高い。私が行った時も、韓国人観光客の団体が来て、ガイドの説明に熱心に耳を傾けていたり、この木をバックに写真を撮影していた。

そんな「The Only Mother Tree」という名称を付けたのはほかでもない韓総裁なのだ。

「また友人を連れてやってくる」と観光客が大絶賛！

広報部長によれば、2017年、まだ現在のように木道が整備されていない段階で、韓総裁がこの地を視察に訪れた。その際、案内役の職員たちの間でちょっとした口論になった。これはエゾノコリンゴの木だと主張する者もいれば、ナナカマドの木だと主張する者もいたからだ。

「韓総裁に間違ったことをお伝えしてはいけないということで、どちらも一生懸命に自分の主張が正しいことを訴えました。そこで韓総裁がよく見たところ、これはナナカマドの木と、エゾノコリンゴの木が長い時間をかけて絡み付いて一体化したことがわかりました。つまり、どちらも正しいことがわかったのです」

これをきっかけに韓氏はこの木を気に入って、「マユモク」と名付けた。韓国語では「マ」は「母」、「ユ」は「唯一」という意味だ。つまり、「唯一の母なる木」ということで、「The Only Mother Tree」というわけだ。

「The Only Mother Tree」の前にはハングルで書かれた案内板があるが、このような韓氏が命名したという成り立ちなども説明しているのかと尋ねると、広報部長はそういう記述はないと言った。隠しているというわけではなく、韓総裁はこのヨンピョンリゾートのオーナーであり、ここを純粋に観光で訪れている人たちにとって、なんの関係もない話だからだ。

確かに、ここを訪れている人たちは、中国人観光客だろうが、韓国人観光客だろうが、ここを旧統一教会の関連企業が所有しているとか、そこに信者が敬愛している「真の母」こと韓氏がコンセプトやネーミングを最終決定・承認していることなど、まったく気にしていない。

「千年樹アララギ 森の道」を歩いている最中、広報部長が私にいろいろ説明をしているのを聞いた観光客たちが何度か「ここのリゾートの職員か？」と広報部長に声をかけてきて握手を求めてきた。彼らはみなこのパワースポット巡りに大変に満足していて、「また友人を連れてやってくる」などと言って、一緒に記念撮影をしている。

日本では危険な「カルト」と呼ばれる団体の教義がふんだんに反映されている観光施設が、韓国では特に問題視されることなく、一般の人々も楽しんでいる。「文化の違い」だけでは説明できない、大きなギャップを感じた。

従業員にとって韓氏は「教祖」ではなく「オーナー」にすぎない

パワースポットを一通り案内してもらって再びケーブルカーで麓へ下りる際、車内で広報部長に、信者ではない従業員にとって、旧統一教会と韓氏はどういう位置付けなのか聞いてみた。広報部長は特に考えることもなく即答した。

「私たちにとって韓総裁は統一グループの提唱者であり、オーナーです。この会社も含めて統一グループの企業に関わっている方ですから。だから、韓氏がこちらにいらっしゃって視察をするのも私たちからすれば当たり前です。ちなみに、ドラゴンバレーホテルの近くにある大きなコンドミニアムの最上階に韓総裁の特別室がありますので、こちらにいらっしゃった時にはそこに滞在します」

教祖ではなく提唱者であり、オーナーだという。この感覚は、ヨンピョンリゾートだけではなく、統一グループで働く多くの人に共通するものだという。では、そもそも「統一グループ」には今いくつくらいの企業があるのか。そう質問をすると、広報部長はちょっと困った顔をした。

「統一グループには理事長（グループ企業の代表）が10人くらいいて、理事長の中には2つ3つと会社をもっている人もいます。ですから、15～20くらいじゃないでしょうか。でも、企業以外にも教育機関のようなものもありますので、私は正確な数はわかりません」

教えたくないという雰囲気ではなく、純粋に知らないようだ。このリゾートの広報部長にとって、自分は統一グループ全体のことまで把握する立場ではないし、そのような質問をされること自体、「なんでそんなことに興味があるの？」という感じだ。日本のように「旧統一教会とつながりがある」ということだけで叩かれないからだ。

だから、そこまで統一グループの企業も叩かれないし、そもそも「統一グループ」として注目が集まらない、と広報部長は私に説明をした。

「正直なところ、統一グループと言われても、世間一般の韓国人はほとんど知りません。例えば、メッコール（大麦エキスでできたコーラ）を製造している〝一和〟という企業はみんな知っています。〝世界日報〟という新聞社もみんな知っています。日本ではほとんど知られていない新聞ですが、韓国では5大紙のひとつに入る有名新聞です。しかし、これらの企業が統一グループというところまで、人々の意識はつながりません」

韓国社会が旧統一教会に好意的な理由

しかし、日本で「霊感商法」が問題になって「カルト」と批判されているというニュースは、こちらでも流れるはずだ。それを受けて多少なりともネガティブなイメージが囁かれるのではないか。そんな質問をすると、広報部長は笑った。

「確かに、日本のニュースが流れると一時的に〝旧統一教会の企業〟などとメディアが取り上げることもありますが、それほど話題にもなりません。財閥系の大きな企業グループと比べると、規模も小さいのでそこまで関心もないのでしょう。だから、そういうニュースがあっても、私たちの会社も毎年多くの就職希望者がやってきます。新卒学生用に統一グループで説明ブースを設けるのですが、その中で学生たちが一番多く押し寄せるのが、ここヨンピョンリゾートですから」

この広報部長の話を裏付けるような報道が、地元メディア「江原日報」に出ていた。２０２３年６月12日に、ヨンピョンリゾートでは、50周年を記念した式典が開催された。同社の社長はもちろん、「オーナー」である韓氏が参加したこの式典には、平昌郡のトップや議会議長も参列。さらには江原特別自治道知事という、日本では県知事にあたるような人物や、国会議員がビデオメッセージで祝いの言葉を伝えた、と「江原日報」は報じている。

旧統一教会の関連団体にビデオメッセージを送っただけで、「カルト教団をのさばらせるために便宜を図った売国政治家」としてネットやＳＮＳで糾弾された故・安倍晋三元首相や、イベントに招かれて韓氏に挨拶をしただけで「宗教汚染」と叩かれる自民党の国会議員は、一体なんだったのか、と笑ってしまうほどの「蜜月」ぶりなのだ。

こうなるのは韓国国内の「世論」もあるのだろう。韓国の教団本部に家庭連合及び関連機関に関する報道数を問い合わせてみた。彼らがプレスリリースを出して、「ポジティブ」もしくは「客観的な記事」として報道されたのは２０１３年から２０２２年までで、なんと１万５４０件もあったという。

やはり多いのは、地方紙メディア、インターネットメディアで6009件だが、注目すべきは通信社、日刊紙メディアも4212件、そしてテレビ局でも109件あったことだ。

もちろん、彼ら自身がカウントしているものなので、実際の報道件数との誤差はあるだろうし多少の「バイアス」はあるだろう。しかし、それをさっ引いても、教団と関係機関に対して、これだけ多くのポジ報道がなされているというのは、「ネガティブ報道一色」という日本国内のムードと圧倒的に違う。

そこで次章では、実際に韓国国内の「旧統一教会」に対する世論を肌身に感じながら生活をしている旧統一教会信者の人々に話を聞いてみたい。

日本と韓国の両方の世論を知る彼らに、「宗教に対する社会ムード」の日韓の違いについて、どのように感じているのだろうか。

第4章

合同結婚式で渡韓した「日本人妻」たち

日本と真逆　韓国社会での旧統一教会信者の意外な評判

ここまで韓国の聖地やグループ企業が運営するリゾートを取材してみると、韓国と日本では「旧統一教会」というものに対して、社会の見方がかなり違うということがわかってもらえたと思う。

もちろん、伝統的なキリスト教からすれば「異端」という扱いなので、時に批判的な報道をされることもある。しかし、日本のように社会全体で「危険なカルトなので潰してしまえ」という感じで厳しく糾弾されることはないし、政治家が信者主催のイベントに呼ばれただけで問題になるムードはない。

前章でも触れたように、韓氏が提唱者としての「オーナー」を務める統一グループの企業には多くの就職希望者が訪れて、また、運営する大学は、優秀な若者を多く輩出している。そして、教団の教義が随所に反映されているリゾートには、信者ではない一般の観光客が殺到をする。宗教団体・企業グループとして「市民権」をちゃんと得ているのだ。

日本の状況と大きく異なるのは、「信者」に対するイメージもある。

日本では「旧統一教会の信者」というと、社会的には「マインドコントロールされたかわいそうな人」「先祖が地獄で苦しんでいると脅されて高額献金をむしり取られる被害者」というイメージが強い。教団を批判するジャーナリストや弁護士が、マスコミでそのようなイメージを盛んに喧伝しているからだ。

しかし、韓国で取材をしてみると、信者はそこまでネガティブなイメージを抱かれていない。むしろ、「日本人女性信者」の場合は１８０度逆なのだ。

異国の地から貧しい家庭などに嫁いできても、文句をひとつも言わず、献身的に家族に尽くす人々というイメージで、旧統一教会のイメージが相殺されており、その中には地域社会から尊敬の眼差しで見られて、表彰をされるような人が少なくないのだ。

「他の模範となる孝行者」として大統領賞を受賞

合同結婚式で韓国人男性と夫婦になって26年、５人の子どもがいるあけみさん（仮名）はこう述べる。

「私は夫と2人で飲食業をやっていて、仕入れや出張販売で韓国国内のいろんな地域に行くんですが、どこに行っても日本人の女性信者は評判がいいんですよ。とにかくみんな働き者で親孝行、地域のボランティア活動にも積極的だからです」

現在、韓国にいる日本人信者は約1万人。その中でも女性は7000人とされる。外務省の『海外在留邦人数調査統計』では、韓国に暮らす在留日本人女性はおよそ2万5000人(平成29年)なので、およそ3割が旧統一教会の信者ということだ。

このおよそ7000人の女性信者は、「韓国社会の日本人女性のイメージアップ」に大きく貢献している。そう主張しているのは、やはり合同結婚式で日本から韓国人男性のもとに嫁いで23年になる博美さん(仮名)も言う。

「日本人女性信者は地域の〝孝婦〟として表彰されたり、行政からボランティアを頑張ったということで表彰をされるケースがすごく多いんですよ」

韓国は儒教の思想がある。中でも特に今も儒教の伝統が色濃く残っているのが農村部だと言われており、それを象徴するのが「孝婦」の表彰制度だ。

「孝婦」とは嫁いだ先の義理の親や、夫の「家」に対して多大な貢献をした女性のことだ。「貢献」の内容はさまざまで、夫が怪我をして働けない間、仕事をして一家を支えたとか、義理の親が病気になったので献身的に介護をしたとか、貧しい家に嫁いだにもかかわらず文句ひとつ言わずに、たくさんの子どもを立派に育て上げたなど、とにかく「嫁のかがみ」ともいうべき模範的な振る舞いをした女性はこう呼ばれる。

韓国の農村部や地方都市の地域コミュニティ内では、このような「孝婦」がすぐに話題になって、町内会長のような存在の人が、その地域を管轄する行政に推薦をする。そして表彰をされるというのだ。バスの運転手と合同結婚式をして韓国にやってきて23年、現在は大学生2人、中学生1人という3人の子どもを育てる博美さんも言う。

「私の知っている日本人女性も、すごく貧しい家に嫁いで家族の世話をしながら、企業と交渉をして地域社会の役に立つような寄付を取り付けたということで先日、表彰をされていました。こんな感じでバイタリティのある女性ばかりなんです」

実はこの傾向は今に始まったことではない。例えば今から11年前には、当時49歳の旧統一教会の女性信者が、「他の模範となる孝行者」として大統領賞を受賞しているのだ。

職場や学校で気軽に声がけ日本と異なる韓国の「布教スタイル」

この女性信者は1995年の合同結婚式で、韓国の男性と結婚した。しかし、この男性は体が不自由で、女性が代わって一家の生計を立てながら、3人の子どもを育てた。しかも、姑が脳梗塞により障害があるということでその介護もしていた。

これだけでもかなりの「孝婦」だが、女性がすごいのはここからだ。姑の世話をしながら空いている時間があれば、地元の老人介護施設を訪ねて、ボランティアをしていたのだ。いつしか女性は地域社会で、称賛される対象となって、その噂が行政を通じて大統領府まで届いたというわけだ。

2012年5月8日、ソウルにある青瓦台（大統領官邸）で開かれた「全国 隠れた孝行者及び素晴らしい親を迎えての午餐懇談会」にこの女性信者は招かれ、李明博大統領（当時）から直接、表彰をされている。

このような「女性信者の好印象」は、教団に対するイメージアップはもちろんのこと、「布教活動」にも大いに貢献しているという。あけみさんが言う。

「日本では宗教の勧誘って、あまり大っぴらにやらないで陰でこっそりと行われているイメージがありますが、韓国ではわりとオープンで学校の友人や会社の同僚などに対して『今度うちの教会でこんなイベントやるんだけれど、お昼ご飯も出るからみんなでこない？』なんて感じですごくフランクに勧誘しています。それが孝婦で表彰された人とかだと、みんな安心して参加できるじゃないですか」

韓国では日本よりも「信仰」が社会に受け入れられている。そのため新興宗教も手相占いやオカルトサークルという回りくどいやり方をせず、職場や地域内で「信仰を実践した生き方」を見せて、周囲から関心や尊敬を集めることが、そのまま布教につながるという。そのような意味では、地域で尊敬される「日本人女性信者」は最強の広告塔と言える。

旧統一教会の日本人女性信者は「目的意識」がある

では、なぜ旧統一教会にこのような「孝婦」が多いのか。まず大きいのは、「韓国に嫁ぎにきた目的意識が違う」からだ。前出の博美さんが言う。

「祝福結婚を受ける前、信者は相手について希望が言えます。アフリカの人がいいとか、白人がいいとか。韓国にお嫁にきた女性のほとんどは〝韓国人男性と結婚したい〟と希望してきた人です。なぜかというと、韓国で幸せに暮らしたいなどと思ったわけではなく、両国の歴史的にも一番〝困難な結婚〟だからです」

教団では、合同結婚式で日本人と韓国人が国際結婚をすることを「韓日祝福」と呼んで、これが世界平和につながる道として推奨している。

過去の歴史から、日本と韓国に未だに感情的な対立があることは、否定できない事実だ。文鮮明氏はこの互いの積年の恨みの関係を解消するには、「家族」になるしかないと説いた。つまり、日本人と韓国人が国を超えてたくさん結婚をしていくことで、両国間の相互理解が進んで、過去の歴史を乗り越えて、友好関係を結ぶことができる。そのような「国境を越えた家族」が増えていくことで、世界平和につながるという。

「文先生のお話を聞いて衝撃を受けました。世界平和の一環で日韓の感情問題を解決するために日韓、韓日結婚がある。子どもたちの代では韓国が嫌い、日本が嫌いとは言えない。そうやって怨讐関係を解決していくという理念に感動し、簡単なことではないからこそ、私はその道を選びたいと思いました」

今回、韓国国内で何人かの日本人女性信者に話を聞いたが、すべての人が博美さんと同様のことを言っていた。つまり、韓国にやってきた日本人女性信者というのは、あえて「困難な結婚」を選んだ人たちなのだ。「信仰」として結婚したので、そもそも「いい家に住みたい」とか、「優しい夫と豊かな生活を送りたい」と思って韓国にきたわけではない。自分の幸せをかえりみることなく、世界平和のために家族を愛する。だから、献身的に夫に尽くすし、義母や義父の面倒をみる。

これが、一般の韓国人女性と比べて圧倒的に「孝婦」が多い理由だというのだ。

日本人女性を待っていた「結婚したくて入信した韓国人男性」

もちろん、ここまでの社会評価を得るまでの道のりは簡単なものではなかった。前出のあけみさんは言う。

「まず、日本から嫁いだ女性が苦労するのは、文化が違うので夫が何を考えているのかまったくわからないところです。よく女性と男性は地球人と火星人くらい違っている、なんて言いますけれど、韓国人と日本人はそんなもんじゃありません。地球とイスカンダルくらいに離れている」

この「イスカンダル」とは「宇宙戦艦ヤマト」に登場する、銀河はるか彼方にある架空の星の名前で、それほど隔たりがあるということだ。

わかり合えなければ当然、気持ちもすれ違う。そして最悪、関係が破綻してしまう夫婦もいる。韓国人のトラック運転手の男性と合同結婚をして23年、大学生と中学生の子どもを育てる、ゆかりさん（仮名）は過去に「離婚」を意識して、日本に戻ろうと考えたこともあったという。

「夫は暴力を振るうとかはないんですが、小さな子どもたちをすごくきつく叱るんです。あと、もともと私は韓国の人たちの、何か怒っているようなきつい喋り方も苦手で、私が精神的に参ってしまって、日本の実家に帰ったことがあるんです。このまま日本で子どもと3人で暮らそうかと、弁護士さんに相談もしたことがあります」

しかし、最終的にそのような決断をすることはなかった。日本に迎えにきた夫と話し合いを重ねて、韓国社会に馴染んでいた子どものことも考えたということもあるが、やはり自分自身の「信仰」に立ち戻ったという。

彼女たちが直面した「困難」はそれだけではない。このような「献身的に夫や家に尽くす孝婦」という日本人女性信者たちのイメージの良さが逆に、ある問題を生じさせたこともあったのだ。

それは「日本人女性と結婚したい韓国人男性が信仰心もないのに入信する」という問題だ。農作業などが過酷な農家の跡取りや、所得の低い男性が「結婚相手」を見つけられないというのは、今も日本社会を悩ませている深刻な社会課題だ。これを解決するため、かつては農村部の独身男性とフィリピン人女性や中国人女性の「国際結婚」を斡旋するような業者が多く存在していたのは厳然たる事実だ。

実はこれとよく似た問題が、韓国社会でも起きたのである。

「うちの旦那は結婚できないので統一教会に入ったんですよ」

90年代、旧統一教会に「結婚できない男性」が合同結婚式目当てに、多く入信をしたのである。

布教をして信者数の拡大を目指す韓国の旧統一教会としても、これを拒否するということはしなかった。旧統一教会の研究者によれば、むしろこれを積極的に利用したという。

北海道大学の櫻井義秀教授・他の著書『統一教会　日本宣教の戦略と韓日祝福』（北海道大学出版会）の中には当時、韓国の農村に貼られていた旧統一教会関連のビラが掲載されている。そこには、「理想的な配偶者　結んで差し上げます」と書かれ、日本人女性と結婚できる、とアピールされている。

つまり、「韓国と日本の橋渡しになる、という高い目的意識をもった日本人女性」と「信仰心はないけれど、とにかく結婚したい韓国人男性」というミスマッチが起きてしまったのだ。しかも、その「結婚できない韓国人男性」の中にはかなり「問題」を抱えていた人も少なくなかったという。あけみさんが言う。

「韓国の日本人女性信者の間でよく言われるのは、1995年の合同結婚式に、結婚したさだけで入ってきた韓国人男性はかなり問題のある人が多いということです。暴力を振るう、ろくに働かない、精神的な問題を抱えた人などがきて結婚をした日本人女性信者側もかなり参ってしまった。そこで教会側もしっかりと教育をしたり、露骨に結婚目当てという男性は合同結婚式に入れないようにした。私はその後の世代なのでそんなに問題のある人はいません。うちの夫もすごく穏やかな性格で、仕事もちゃんとしてくれています」

このような「信仰心のない韓国人男性」と合同結婚式をした日本人女性の中には、経済的に困窮してしまったり、価値観の違いから、離婚をしてしまったりするケースもあったという。

もちろん、そのようなミスマッチが起きてしまった場合、教団としても新しい伴侶を見つけるサポートをするという。しかし、中にはわずかながら、そのミスマッチさえも「神様が与えた試練」だと受け入れて、それを乗り越えるような「孝婦」もいる。

前出・博美さんはまさにその1人だ。

「うちの旦那は結婚できないので統一教会に入ったんですよ」とケロッとした顔で言う彼女にとって、夫は「ムーミンのニョロニョロみたいでただそこにいるだけで何考えているのか、何が楽しくて生きているのかもよくわからない」

という。

性格がまったく合わない夫を受け入れることで人間として成長？

そう聞くと、夫を馬鹿にしているように聞こえるかもしれないが、博美さんの中でそんな思いはない。むしろ、彼女にとっての「葛藤」を与えて、人間として成長させてくれる存在だと感謝しており、愛おしく思っているという。

「夫は信仰心はありません。でも、怠ける時はありますが、ちゃんと仕事をする真面目な男性ですので、たぶん他の日本人女性と結婚したらうまくいっていたかもしれません。でも、私とは性格的にまったく合わない。だから、結婚した当初は腹の立つことばかりで、本当に何を考えているのかわかりませんでした」

例えば、結婚したばかりの時期、博美さんが仕事を終えて帰宅すると、家の中が強盗に入られたようにめちゃくちゃに荒らされていて、その中で夫はジャージャー麺をすすっていた。何があったのかとただすと夫は一言。「お前が部屋をきれいに掃除しないからだ」――。

「呆れましたね。文句があるなら、私にそう怒ればいいのにそうしない。5歳児と一緒でダダをこねたりするんですね。でも、こういう理解できないことを乗り越えるたびに、私も成長をしていきましたし、夫も少しずつ成長をしていった。それがよくわかったのは、小学生の時に娘が夜遅くになっても帰ってこなかった時です」

当時、韓国では女の子の誘拐殺人が起きていて、博美さんは生きた心地がしなかった。しかし、夫はテレビを見ながら「心配だな」と呟くばかりで何もしない。博美さんは思わず「もし娘に何かあったら、お前が死んでしまえ」という恨みの言葉がついて出そうになったけれど、それを自分で舌を噛んで必死に抑え込んだという。これもすべては自分を成長させてくれるために、神様が与えた試練だ。そう思った次の瞬間、娘が公衆電話から連絡をしてきた。博美さんは鳥肌がたったという。

「やはり神様はいるんだと思いました。彼のありのままをそのまま受け入れるようになった今は、毎日がすごく心が穏やかで葛藤はありません。だから、地獄を通過して今は天国にきた感じです」

日本人女性信者が明かす「マインドコントロール」の正体

さて、博美さんの話を聞いていると、おそらく読者の多くは「マインドコントロール」という言葉が頭をよぎるのではないか。

文鮮明氏から「世界平和のために韓国人男性に尽くせ」と洗脳をされて、冷静な判断力を失った哀れな女性が、経済的にも精神的にも苦しい立場に追いやられているのに、「神様が与えた試練」だと現実逃避をしている。

しかし、そのような見方を当の本人たちに伝えると、すべての女性信者が反論をする。「はいはい、いつものやつですよね」と呆れたように笑う人もいれば、「私はちゃんと自分の頭で考えていますし、自分の意志でこの人生を選んでいます」とキッパリと言い切る人もいる。その中でも印象的だったのは、タクシー運転手の夫と結婚して20年のみすずさん（仮名）の反論だ。

「私はそんな風にマインドコントロールだって言う人に会うと、『そういうあなたは〝宗教嫌い教〟のマインドコントロールを受けていますね』と嫌味を言うようにしています。だって、テレビや新聞が言っていることを鵜呑みにして、自分の頭でしっかりと考えない方がよほど洗脳されているじゃないですか」

彼女が、このように考えるようになったのは、「脱会をした元信者」たちと話をしてからだという。人権的に問題があるということで現在はほとんど行われなくなったが、かつて旧統一教会に入信した人々を、脱会させようとする家族が、信者を拉致して、信仰を捨てるまでマンションの一室などに監禁をするということがよく行われた。みすずさんも実際に、家族に拉致・監禁をされて信仰を捨てる人を見てきたという。

「そこで信仰を捨てた人たちに会って話をすると〝教会の説く原理は間違っている〟とか〝文鮮明はメシヤじゃない〟とか言うので、じゃあ具体的にどこが間違っていて、文先生のどこがメシヤじゃないのか説明をしてとお願いをすると黙ってしまう。それで最終的に何を言うかというと、〝そのようにキリスト教の牧師が言っていた〟。つまり、自分の頭で考えなくさせられているんですよね」

韓国の信者は「子どもの信仰」に口を出さない

文氏や韓氏を「真の父母様」などと呼んで崇めておいて、よくそんな白々しいことが言えるなと呆れる人もいるだろうが、韓国にいる日本人女性信者たちに話を聞いていると、この「自分の頭で考えるべき」という言葉をよく耳にする。

例えば、日本では「小川さゆり」を名乗る2世信者（祝福2世）の女性が被害を訴えていることについて、母親としてどのように考えるのかというと、韓国では多くの信者が、「うちは子どもに自分の頭で考えるべきと言って、信仰を強制したことがない」と言っている。

博美さんは、夫は信仰がないものの自身は熱心な信者である。教団の集会にも積極的に参加をして、多くの信者の前でスピーチをしたこともあったという。しかし、3人いる子どもたちは信仰がない。教会に通うようにも言わないという。

「〝良心通りに生きれれば宗教は必要ない〟というみ言があるように、生活の中で良心の声の聞き方を教えたり、為に生きることを教えています。生活の中で、原理を教えて原理通りに生きるよう指導しているので、祈祷もしないし、み言葉も読んでないけど、問題ないと思ってるので教会に行けとは言いません。もちろん行きたいと言えば送り出しますが」

あけみさんの子どもたち5人も本人の意志に任せている。一番上の子どもはもう立派な社会人だが、祝福結婚をするかどうかもよくわからない。口を出さないという。ゆかりさんも、子どもは塾や習い事に通わせているものの教会へ通うことを強制していない。彼女たちの口ぶりからも、体面を取りつくろって嘘を言っているわけではない。

韓国にいる日本人信者の中では、「親とはいえ、子どもの信仰にまで口を出さないのが当たり前」という考え方が一般的だ。なぜこうなったのか、私は韓国にやってきた日本人信者の多くが、かつて「信仰」をめぐって自身の父や母との対立をした経験があることが大きいからではないかと感じた。

それを痛感したのが、韓国在住の旧統一教会信者で現在、大学教員になっている山口ひろしさん（仮名）にお話を伺ったことだ。日本の大学在学中に入信をして合同結婚式に参加する。しかし、その後で「脱会」を望む家族から拉致されて数カ月に及んで監禁されて改宗を迫られる。当時のことを山口さんが振り返る。

「この時、正直なところ私はあきらめていました。統一教会の原理というのは絶対に正しいと信じていましたが、その信仰を続けるだけの条件がないので、これはやってられないと。そこで、やめますと言うんですが、やはり正しいことを知って裏切ることもできないので旧統一教会に戻りました」

「ねえ、お父さんってもしかしたら統一教会に騙されているんじゃない？」

そんな壮絶な「強制改宗」を経験した山口さんだが、それを行った親に対しては「感謝」をしているという。

「だって、それは私をすごく愛しているからじゃないですか。私の父はすごくプライドの高い人でした。そんな人が息子を改宗させるために、キリスト教の牧師に頭を下げて、親戚にも協力をしてくれと頼んで回った。よくそこまでやってくれたなと感謝しています。だから、普通だったら私は統一教会をやめるべきですよ。親にそこまでやらせて。でも、やっぱりやめられなかった。それくらい原理は正しいと信じているからです」

いくら親子の愛があっても「強制的に信仰をやめさせる」などということは決してできない。それを身をもって経験しているからこそ、山口さんは自分の子どもにも「旧統一教会の信仰」を強制したことがない。「できない」と明言をする。

そのような山口さんの親子関係を象徴するエピソードがある。今はもう成人をしている娘が、小学5年生の時に山口さんのところにやってきて、深刻そうな顔をしてこんなことを言ったという。

「ねえ、お父さんってもしかしたら統一教会に騙されているんじゃない？」

聞けば、ネットで旧統一教会に関する「霊感商法」や「マインドコントロール」についての記事を読んで、両親が信仰している団体に疑念を抱くようになったという。娘の説明を聞いて山口さんは内心、娘が健全に成長をしていることを喜んだという。何かに疑いをもつということは、自分の頭で考えている証拠だからだ。

そこから山口さんは、娘が心配していることや、疑問を抱いていることについて、しっかりと説明をした。山口さんが信じている「原理」についてもできる限りわかりやすく説明をした。しかし、それで終了だ。そこから教会に無理に連れていくということもしない。むしろ、伝統的なキリスト教会に通ってみて自分で判断をしたらどうかと勧めたという。

韓国の信者たちが、日本社会の議論に感じる「不満」

「妻はもしそちらに入信したら大変だと反対しましたが結局、いろいろな宗教を見て回っていたようです。それである時、他団体の集会に参加してきた娘が私に言うんです。『教会の体制とかしっかりしていて統一教会とはぜんぜん違って素晴らしかったよ。でも、話の内容を聞くとすごいがっかりした』と。それからしばらくして、娘は教会に通って原理を本格的に学ぶようになっていくんです」

誰に強制されるわけでもなく、自分で学べばきっと正しいと感じるのが、旧統一教会の教え、文鮮明氏の「原理」である。山口さんはそのような強い信念がある。だから、日本国内で行われている「旧統一教会」をめぐる論争についても不満があるという。

「私たちの原理を学んでいない、知らないマスコミからすれば、たくさんお金を集めてけしからんというのはある意味で正しい反応ですよ。問題は、そういう批判に対して我々のグループの回答があまりに弱くて、社会に届いていないということだと思っています」

つまり、日本の「旧統一教会問題」に関しても、「お父さん、騙されてない？」と疑念を抱いた娘さんのように、まずは自分たちの教義をしっかりと伝えて、なぜ教団がお金を必要としているのか、自分たちが働いたお金を捧げているのか、ということを理解してもらう努力をすべきだというのだ。

「統一教会の教えというのは、批判をしている弁護士さんであろうと、ジャーナリストであろうとすべて神様の子どもであって、すべて天国に連れていくという、すべての人に幸福になってもらいましょうという宗教団体なんです。『信じる者は救われる』というキリスト教とはそこが違うんです」

さらに、このような「すべての人を救う」という教義が「高額献金」の問題を引き起こしている側面もあるという。

「うちの教団は、信じる人も、信じていない人もみんなが幸せになるような天国を一刻も早くつくってあげたいということで、信者のみなさんには協力して欲しいと言ってきた。その中で、かつて日本は韓国から見れば豊かでお金持ちだったので、『じゃあたくさん献金をしてください』となった。そこでいろんな行き違いがあったというのは私自身もいろいろ見てきました。それは信者としては申し訳ないとも思います。でも、お金を集めている目的というのはちゃんとしたものなので、それをちゃんと説明すれば、絶対にわかってもらえると私は思います」

「家族を大切にしよう」という宗教が「信者の家族」を否定する矛盾

自分たちの「原理」は正しいので、それをしっかりと伝えて対話をしていくべきだ。もっと本質的な反論をすべきではないか。そのように考える山口さんのように考えている信者は、実は韓国には少なくない。かつて教会長を務めた経験もある60代の男性信者もこのように述べる。

「教団は、小川さゆりさんという元2世信者の人や信者のご家族の教団批判を誰かに操られているとか、わかっていないと反論をしていますが、私はその対応は間違っていると思う。だって、私たちが信じている文先生は家族を大切にしなさいということをずっと言ってきましたよね。今、いろいろな問題を起こしているのは、すべて信者の家族ですよね。だから、家族を大切にする宗教団体としては、本当は彼らの苦しみと向き合って救っていかなければいけません。しかし、今の教会はそれをやっているようには見えない。マスコミから叩かれるのも当然ですよ」

教団を批判するジャーナリストや弁護士は、旧統一教会の信者はすべて韓氏と韓国本部の一部幹部から「洗脳」をされ、ロボットのように操られている「被害者」だと説明をしている。

が、韓国にやってきて多種多様な意見を聞いてみると正直なところ、「洗脳されている」という印象はあまり受けなかった。

みな「原理」を信じているというところは同じなのだが、その解釈や、信仰への向き合い方、一連の問題に対する受け止め方など十人十色でバラエティに富んでいた。中には、この男性信者のように「教会批判」も平気で口にする。

誰かに操られているという感じでもないし、誰かの考えの受け売りという感じでもない。それぞれが自分の頭で考えて、悩み葛藤しながらも信仰を続けている人たち、という印象をもった。また、個々の人々が本心を語ってくれたということもあって、一連の「旧統一教会問題」を考えていくうえで非常に多くの示唆をもらった。

その中でも最も印象的なのが、日本人女性信者たちの「山上徹也被告の母」に対する思いだ。

献金に懸命で「信仰の本質」を見失う信者

山上徹也被告の母は、重い病気にかかった徹也被告の兄を神様に救って欲しいということで信仰にのめり込んで高額献金を繰り返した。その姿を見て山上徹也被告は、教団に対して「母をカモにして大金をむしり取っている」と激しい憎悪を抱いた、と報道されている。

このような話を、同じ母として、そして同じく家計をあずかる者として聞いて、どう思うのか質問をしたところ、女性信者から多種多様な意見が出た。

「私の家はそもそもそんなに余裕がないので、何千万もの献金なんかできない」という女性信者もいれば、「私もたくさん（献金を）捧げてきたけれど、騙されたとは思っていない」と訴える人もいた。そして、中には山上徹也被告の心情も「理解できなくはない」という人もいた。親の信仰を理解していない子どもにとって、親の高額献金は理解できない。理解できないことは「詐欺にあった」と感じるのは当然だ。

そんな中で、私の心に残ったのは、前出・博美さんの考えだ。

彼女は山上徹也被告と母の関係について「すごく気の毒でこうなる前に互いにもっと話し

合ってわかり合えなかったのか」と同情をする一方で、山上徹也被告の母が「信仰の本質」を見失っていた可能性もあるのではないかという。

「とにかくたくさん献金して、清平で先祖解怨して、伝道活動をして教会に人をたくさん連れていくということに一生懸命になりすぎて、文先生がそもそもなぜそれをやらなくてはいけないと説いたのか、という信仰の本質を忘れてしまうということになっている信者ってたまにいるんですよね」

確かに、山上徹也被告の母はもともと、病気だった徹也被告の兄を救ってもらいたいと入信をした。つまり、「家族を大切にしたい」ということで、これは旧統一教会の教義とも合致している。しかし、いつの間にかその教義よりも「献金する」ということに心がとらわれてしまいすぎたせいで、息子である徹也被告と「断絶」が生まれてしまう。

「家族を大切にしたい」という思いと裏腹な状況になってしまったのだ。その結果、息子の徹也被告はネットの陰謀論に取り憑かれて、自分を不幸のどん底に突き落とした教団を潰すためには、人の命を奪ってもいいという自己中心的な考えに支配されて「テロ」まで起こしてしまうのだ。

「家族を大切にしたい」と一生懸命になっていたことで、家族を崩壊させてしまうという、なんとも本末転倒なことになってしまったのだ。

「なぜレンガを積むのか」を見失ってレンガを積み続ける信者

博美さんはこの信者によく見られる現象を「レンガづくりの教会」のたとえで、わかりやすく説明してくれた。ある宗教団体が2人の信者に、「教会をつくるのでレンガを積んでくれ」と頼む。1人はこの教会ができたら、ここでどんな礼拝が行われて、信者にどんな道を示してくれるのかを考えながら積んだ。そして、もう1人はとにかく作業なので、何も考えずに一心不乱にレンガを積んでいく。

「この2人の10年後はまったく違うものになりますよね。前者は教会が出来上がり、後者はただレンガを積み上げるだけ。そして、何してるのかを聞くと〝レンガを積んでます〟と答えます。なんで積んでるのかと聞くと〝あ、なんだったっけ？　積めって言われたから〟と言うでしょう。山上徹也被告のお母さんはもしかしたら、ただ言われた通りに一生懸命レンガを積んでいたのかもしれません。信仰の本質を見失っているので当然、それを家族にも理解させることはできなかった。だから、山上徹也被告は〝母は騙されている〟と思い込んでしまったんじゃないでしょうか」

彼女のこの言葉は、韓国での取材の中でも非常に印象に残った。なぜかと言うと、「本質」を見失っているというのは、実はメディア側にも当てはまるからだ。

高額献金にのめり込んだ。妻が信仰にのめり込んで家庭が崩壊した。2世信者の娘が、子どもの頃に欲しいものを買ってもらえないと両親への恨みを訴えた。安倍元首相をはじめ保守系の自民党議員を支持して、時に選挙も献身的に手伝った――。

この1年あまり、旧統一教会信者にまつわるさまざまな「問題」が報じられているが、そもそもなぜそのような「問題」が起きたのか、という本質的なところまでほとんど報じられない。これらの「問題」を扱う報道では、すべて「騙された」「霊感商法で脅された」「洗脳された」という極めて雑な説明で片付けられてしまっている。

例えば、「妻が教団に騙されて家庭崩壊した」と怒っている夫がいるとしよう。マスコミは夫の主張を右から左へ流すだけで、この妻の主張は紹介しない。妻がどういう理由で信仰にのめり込んだのか、なぜ夫とそこまで険悪な関係になっても、信仰を続けているのかという、本質的な話はせず「騙されている」の一言で済ます。

メディアも「なぜレンガを積むのか」まで突っ込んで報道しない

この妻をはじめ、信者たちが「自分は騙されていない」と声を上げても、テレビや新聞は、教団を批判するジャーナリストや弁護士たちを登場させてこの一言で終了だ。

「それがマインドコントロールの恐ろしさです」

これはさすがにちょっと乱暴ではないか。「旧統一教会問題」と言っているわりには、「被害者」の話だけで、問題の本質を探ろうともしない。

これは博美さんの言葉を借りれば、「レンガを積み上げている」という表面的なところにだけ目を奪われて、「じゃあなんのためにレンガに積んでいるのか？」という本質的な問題を見失っている。自分たちの理解できない人々はすべて「洗脳されている」の一言で片付けて、うまく説明できない関係性は「闇」という曖昧な表現で一方的に断罪していく。そんなメディアばかりの印象なのだ。

政治との関係に関してもそうだ。「政治とくっ付くことで教団の批判をかわそうとした」という極めてざっくりとした理由付けをするが、自民党と関係をもつ宗教団体など山ほどあるし、実際に信者や関連団体を取材している私からすれば、かなり雑な話だという印象しかない。

そこで次章では、この本質をつきつめていくために、さまざまな問題が報告をされている日本国内の信仰現場に潜入をしてみたい。

第5章

政界と教団を結ぶキーマンが語る「洗脳」と「選挙」

本部からきた人に「マスコミや政治への悔しさ」をぶつける信者たち

世界平和統一家庭連合の那覇家庭教会は、那覇市内の住宅地の中にあった。車がようやくすれ違うことができるほど狭い路地にある、コンクリート造りの白い建物で築年数はかなり古そうだ。周囲にある沖縄特有のコンクリート住宅に溶け込んで違和感がない。

その正面入口に入ると、広さ十五畳ほどの広さのロビーがあって、椅子やテーブルが並んでいる。壁には韓鶴子総裁のポスターや教団関連団体のイベント告知なども貼られていた。それらを横目にエレベーターで2階に上がると、そこにはかなり広いホールがあって長テーブルや椅子が並べられている。

このホールを私が訪れた日、室内は重い空気に包まれていた。

「マスコミは被害を訴える一部の人たちの主張だけを取り上げて、私たちがこれまで受けてきた拉致監禁などの被害には一切触れていない。そして、我々が詐欺をやっているような偏った報道ばかりです。こういう明らかに事実と異なるデマをやりたい放題やらせていて、本部はいいんですか?」

「私は学生の頃からいろんな選挙を朝から晩まで手伝ってきました。自民党の先生もたくさん応援してきて、よく知ってますよ。それなのにあの事件以降、みんな私たちとは関係がないなどと言っている。我が身がかわいいというのはわかりますが、やはり青春時代から50年以上も信仰を捧げてきた教会ですから、この裏切りは本当に悔しいですよ。そういう我々の気持ちは、本部はわかってくれているんですか?」

集まった信者たちが、東京の教会本部からやってきた職員に対して、「悔しさ」や「不満」をぶつけていたのだ。

自分の頭で考えて発言をする信者たちから「洗脳された人」という印象はなかった

この日、那覇家庭教会では「壮年部」の集会があった。この地域にいる旧統一教会信者の中で30代から70代の男性信者たちによって編成されているもので、地域のボランティアなどさまざまな活動をしている。

そんな壮年部の集会に、本部職員が参加して今のマスコミの報道や岸田政権の対応についての説明をした。その後の「質疑応答」で、信者たちが抱えていた「思い」を吐露し始めたというわけだ。

20人ほどの男性信者たちの、さまざまな感情を黙って受け止めていた本部職員は、眼鏡をかけて髪をオールバックにセットしている紳士然とした70代の細身の男性だった。彼は一通り信者たちの意見に耳を傾けた後で、穏やかな口調でゆっくりと信者たちに語りかけた。

「これまで信仰に捧げてきたみなさんのお気持ちは、本部としてもよくわかっているつもりです。もちろん、我々としては何もしていないということはありませんし、さすがにこれは看過できないという事実誤認には抗議もしていますし、弁護士先生の協力のもと、名誉毀損での訴訟もしています。しかし、マスコミはどんなに私たちがそのような反論をしても、違うんだということを訴えても取り上げてはくれないんです」

ホール内に深いため息が漏れる。腕を組んで険しい顔をしている人もいれば、納得がいかないという感じで「そんなバカな話があるのか」と呟く人もいれば、「信教の自由はないのか」と声を上げる人もいた。

厳しい現実に打ちひしがれる人たちの姿を、ホールの壁側から見ていてちょっと意外だった。マスコミ報道や教団問題を扱う弁護士やジャーナリストらの話に登場する旧統一教会の信者というのは、「韓鶴子総裁から洗脳されて自分の意志も関係なく操られる人々」である。

自分自身の頭で何かを考えたり、マスコミ報道や政治に対して心が乱されることもなく、「真のお母様」である韓鶴子総裁だけを信じて、教会本部の指示に素直に従って、霊感商法したり自民党議員の選挙の応援をする人々だ、というイメージが広がっている。

しかし、私の目の前にいる信者はそうではない。自分の頭で考えてさまざまな葛藤を抱えて、社会から理解をされないことに悔しさをにじませて、中には教会本部の対応に不満を感じている人もいる。なんというか、非常に「人間臭い」のである。

富山で選挙3連勝の「政界の旧統一教会フィクサー」

信者への説明を終えて本部職員の男性が、その場を離れて、ホールの壁側にいた私の方にやってきた。「お疲れ様でした。みなさんかなり思うところがあるんですね」と労をねぎらうと、男性はにっこりと微笑んで言った。

「この1年半、みなさんは本当にいろいろな厳しい目にあってきましたからね。中には、本部の対応に不満がある人もいます。まあ、田中会長を前にしたら、みなさんさすがにあまり厳しいことを言わないでしょうが、私のような下っ端ならばみなさんも安心して〝この野郎、もっとしっかりやれ〟なんて感じで気軽に言えますでしょ？」

そんな茶目っ気たっぷりなこの男性の名は、鴨野守さん。教団関連の新聞社「世界日報」で記者や編集委員を長く務めた後、教団本部の広報局長を経て、現在はこの夏、富山県で一般社団法人「富山県平和大使協議会」の代表理事をしている人物だ。

そんな鴨野さん、実は教団を追及するジャーナリストや弁護士の間では、ちょっとした〝有名人〟である。富山県のマスコミなどからは「政界と教団を結ぶキーマン」と目されているのだ。富山のJNN系列のテレビ局「チューリップテレビ」の報道がわかりやすい。

「政界との接点になった人物が取材で判明しました。県平和大使協議会の事務局長、鴨野守氏。富山県出身、世界平和統一家庭連合の広報局長を務めた幹部の1人で知事選で新田知事の選挙応援を担った中心人物です」（チューリップテレビ　2022年8月8日）

ちなみに、チューリップテレビでは、この新田八朗・現知事が当選をした時、選挙事務所に鴨野さんがいて知事と喜び合っている映像を流すとともに、2021年4月の富山市長選、同年7月の高岡市長選でも選挙事務所に鴨野さんがいて勝利を喜んでいる姿を放映して、地方選挙を3連勝に導いた「富山政界に暗躍する旧統一教会フィクサー」だと言わんばかりに取り上げ放題だ。

「映像を何度も見返して私を見つけたのは素直にご苦労さまと言いたいですが、ここにもいる、あそこにもいるという感じで、この鴨野というのは裏で暗躍するとんでもない人間だという印象を視聴者に与えて、ちょっと悪意を感じるような編集ですよね」

そう自嘲気味に笑う鴨野さんを、私は個人的に「すごい人」だと思っている。もちろん、信仰については共感できないし、政治思想や主義主張も異なる部分は多い。ただ、「選挙」というものを心から愛して、そして純粋に楽しんでいるところが、素直に尊敬できるのだ。

多くの宗教団体が自民党を支えていたのに、なぜ「旧統一教会」ばかりが注目?

そう聞くと、「それは選挙が好きなのではなく、教団の政界工作のために必要だとマインドコントロールされているだけだろ」と冷めた見方をする読者もいるかもしれない。

しかし、私もかれこれ25年以上、政治や選挙の取材をしてきたので、そのあたりの違いくらいはわかる。実際に、選挙の事務所の中に入って、ボランティアとして選挙運動に関わったり、支援者として応援をした経験のある人ならばわかるだろうが、選挙というのは、実は血湧き肉躍る「お祭り」のようなところがあって、その魅力の虜になる人がいる。

もちろん、選挙を手伝う人たちにはそれぞれ「目的」がある。単純に候補者が友人や知人ということもあれば、目指す政策を実現するためということもある。また、自分が所属している団体が応援しているので「仕事」として応援をするというケースもある。

鴨野さんも教団の関連団体として応援しているわけだが、そういう「立場」を超えて「選挙」というものが基本的に好きだということは、しゃべっていればわかる。政治や政党の動きなどについて、意見交換をする時も、少年のように目を輝かせている。もともと、新聞記者ということもあるのかもしれないが基本的に「政治」が好きなのだ。

そんな鴨野さんからある時、旧統一教会の選挙応援について話を伺ったことがある。

「選挙はやはり後援会の名簿づくりですよ。自民党を支持する宗教団体が多い中で、なぜ私たちがいろいろな政治家の先生から頼りにされるのかというのは、この名簿づくりひとつとっても違うからです」

マスコミはあまり報道をしないが、「自民党との蜜月」は旧統一教会だけではない。創価学会はもちろん、神道政治連盟という神道系の政治団体もあるので、神社はもちろん、その候補者の選挙区内にある寺、新興宗教などあらゆる団体が、自民党候補者の選挙事務所に「ボランティア」を送り込むのだ。

政治家たちからの「関係断絶」は
鴨野さんにとって「失恋と失業が同時にきた」

では、このように「宗教団体の呉越同舟」という状況の中で、なぜ旧統一教会ばかりが自民党との関係が注目をされるのかというと、頭ひとつ抜けた「応援ぶり」だからだというのだ。

「例えば、ある団体の選挙ボランティアは100人の名簿をつくったとしたら、その間に我々は300人分の名簿をつくる。組織力とか動員力でそれを達成するのではなく、本当に1人1人が朝から晩までかけ回って頑張るんですよ。候補者からすれば、自分のためにこんなに頑張ってくれるなんてと感動をしますよね。そこに加えて、私たちは誠心誠意でその候補者を応援します。例えば、ある候補者の先生は教会まできてくれたので、私たちみんなで歌などでお迎えして、頑張ってくださいとエールを送りました。すると、その先生は涙を流して喜んで、〝こんな素晴らしい宗教団体とこれまで出会ったことがない〟とまで言ってくださいました」

　そのように語っていた鴨野さんだけに、安倍元首相の銃撃事件後、岸田首相が「関係断絶」を宣言して、多くの自民党議員が手のひら返しで「教団とは知らなかった」「もう関係をもたない」などと言い始めたことはショックだった。

　その複雑な思いについては、チューリップテレビから「政界と教団をつなぐキーマン」と追及された時に受けた「単独インタビュー」でも吐露している。

「私たちが選挙の時に自民党が推薦をしなかった知事（候補者）とか、ほかの市長（選）でも自民党が推薦しなかった市長候補、そうした先生方を応援してまいりました。そういう先生方から関係を切ると言われて。まあ私は、失恋と失業と一緒に味わっているような非常に残念な気持ちであります」（チューリップテレビ22年9月28日）

　この言葉に象徴されるように、鴨野さんにとって「選挙」とは教団関連団体代表理事という仕事的な立場だけではなく、「恋」のように無償で情熱を傾けられるものだったのだろう。

自分でインタビューを依頼しているのに、発言させないマスコミの異常性

そんな鴨野さんに対して、私はもうひとつ評価をしているところがある。マスコミの報道に対してただ打たれっぱなしでいるのではなく、しっかりと自分たちの考えを伝えて「反論」をしている点だ。

旧統一教会としては、岸田首相が「関係断絶」を宣言したのは、行きすぎた旧統一教会バッシングが原因だと考えている。そこで、先のチューリップテレビのインタビューでも鴨野さんは、「そもそも、この騒動のきっかけをつくったのはマスメディアであります。メディアからは……」と教団側の考えを伝えようとした。

しかし、次の瞬間、驚くべきことが起きる。なんとインタビュアーの同局キャスターが発言を妨げたのだ。

「これは高額な献金や霊感商法を行ってきた被害者がいるからこういう銃撃事件が起きて、スポットが当たった。メディアがこれをつくり出したわけではないですよ」

鴨野さんが喋っているところに、急にキャスターがこんな「自説」を重ねてきたのだ。い

くらマスコミ批判をされてカチンときたからといって、取材を申し込んでおいて対象者に「言いたいことを言わせない」というスタンスは報道機関としてはかなり「異様」ではないか。しかし、そこは鴨野さんも屈することなく、こんな風に食い下がった。

「それは、あなたの立場からはそう見える。それはそれであなたの目からの事実でありましょう。でも、私たちから見るならば違った光景に見える」

このインタビュー映像を見て私はいたく共感をした。教団を憎み、被害にあったという人たちに寄り添う立場と、教団を信じて、山上徹也被告の家庭のような問題もなく、平和に信仰生活を送っている信者の立場では、見えている「世界」はまったく違う。その当たり前の話を、マスコミは「自分たちは正しくて、あちらは洗脳されている」の一言で片付けてしまっている。

そのような問題の本質を、このインタビューの場で端的に言い返すというのは、簡単なことではない。これも何度も言うが、教団側の主張が正しいとかいう話ではなく、単純に鴨野さん個人のコミュニケーションの力が「すごい」と思うのだ。

そんな鴨野さんがなぜ沖縄・那覇家庭教会にやってきたのかというと、実は私の取材のためだ。

「メディアの人間がくるとパニックになる」と取材拒否

実は今回、教団本部に対して、日本国内の教会の内部を訪れて、そこで信者のみなさんの「生の声」を聞きたい、と取材を申し込んだが、全国の教会から返ってきた回答は「NG」だった。

冷静に考えれば当然だろう。山上徹也被告が安倍元首相を無惨に殺してからというもの、マスコミはこの事件の原因は、旧統一教会にあると連日のように報道をした。その圧倒的な情報を受けた視聴者や読者は義憤にかられて、全国の教会へ嫌がらせをした。いたずら電話は当たり前で、施設の壁に落書きなどもされ、中にはこれまで教会の駐車場として利用をしていた敷地の地主から、契約を打ち切りたいと申し出をされるような教会もあった。

つまり、旧統一教会の信者の多くからすれば、今の状況を生み出したのはマスコミの「偏向報道」だという思いが強いのだ。そんな憎き相手の取材申し込みは、いくら本部から「協力をしてやってくれ」と呼びかけがあったとしても、応じるわけがない。中には、「教会の前にマスコミ記者やテレビカメラが押しかけたのが未だに怖くて、メディアの人間がくると聞いただけでパニックになる高齢の信者もいるので絶対に嫌だ」と拒絶するような教会もあった。

そのようになかなか信者や教会への取材が進められずにあきらめかけていた時、協力を申し出てくれたのが鴨野さんだった。

「うちの信者のみなさんは今、メディアの人間に対して強い不信感を抱いているので、窪田さんが1人で行ったところで警戒をして何もお話をしてくれません。ですから、私が同行をして〝この人はちゃんと私たちの話を聞いてくれる〟と安心をさせます。取材の場には私も同席していますが邪魔は致しません。窪田さんが信者に質問したいことを質問して、そこで感じたことをそのまま書いてください」

この言葉に嘘はなかった。ここまで全国でいくつかの教会に実際に足を運んで、多くの信者にインタビューをさせてもらった。私はそこで出会った人たちに、山上徹也被告の事件や、教団を追及しているジャーナリストや弁護士らが指摘している「霊感商法」や「洗脳」の問題についてどう思うか繰り返し質問をした。しかし、それを横から鴨野さんが割って入るとか、私の言葉をさえぎって、チューリップテレビのように「自説」を押し付けてくるようなことは一度もなかった。

沖縄戦集団自決問題も追いかけた「ジャーナリスト鴨野守」

これまでさまざま企業や団体に公式に取材を申し込んで、広報担当者が同行をしてくるということは珍しくない。例えば、大企業の世界的な製造メーカーなどの場合、広報担当者が、日本経済新聞やNHKなどの担当記者を引率して、泊まりがけで地方や海外の製造工場や開発拠点の取材をさせる、いわゆる「メディアツアー」というものがある。

このような時に同行をしてくる広報担当者は、メディアが開発責任者や現地の工場長などに取材中、本人を飛び越えて「今の質問に関する情報はちょっと開示していないのでお答えできません」などと割って入ってくることも珍しくない。しかし、鴨野さんはそういう「取材のコントロール」のようなことは一切しなかった。

やはりこれは鴨野さん自身が「ジャーナリスト」だからではないかと思う。

実は鴨野さんは教団関連団体などの役職を務めながら、個人として取材・言論活動を続けている。

新聞記者時代から沖縄戦の集団自決が軍の命令だったか否かということをライフワークと

して取材し続け、古巣の「世界日報」だけではなく、「諸君」（文藝春秋）や「WiLL」（ワック）という保守系雑誌に寄稿。それらをまとめて、2009年には『あばかれた「神話」の正体　沖縄「集団自決」裁判で何が明らかになっているのか』（祥伝社）も上梓している。

しかも、鴨野さんは新聞記者時代に「戸塚ヨットスクール」に2カ月体験入校して取材していた。メディアが周囲で何を騒ぎ立てようとも、自分の目で見たこと、感じたことを重んじる「現場型ジャーナリスト」でもある。

つまり、私のような人間が旧統一教会の内部を取材した際に、「現場」でどういう話を聞きたがっているのか、どういうことをやられたら「取材を制限された」と感じるか、ということを誰よりもよく熟知している人物なのだ。だからこそ、取材に同席をして「今の話はちょっと書かないでもらえますか」なんて言ったら、逆にそれを私が記事や原稿にして、「言論封殺された」などとセンセーショナルな形で騒がれるリスクもある、ということもよくわかっている。

旧統一教会信者の「船釣り」に同行をしてみる

それがよくわかるエピソードがある。実は今回、那覇家庭教会を訪れる前、鴨野さんと信者の男性が「船釣り」に行くというのでそこに同行をさせてもらう機会があった。

文鮮明氏は「釣り」と祈祷は似ているとして自身でもこよなく愛し、それが高じてアメリカの信者たちがマグロビジネスに参入したというのは第1章でも説明した。鴨野さんによれば、文氏の釣り好きは「趣味」のレベルを超えていた。

「お父様も最初から、釣りがお上手ではなかった。でも、一生懸命研究されてプロの漁師顔負けになったんです。また、すごく負けず嫌いな方だったので、初期のころマグロ釣りに出かけて日没まで挑戦しても釣れない時などは、太陽に〝沈むな〟と命じる気持ちにかられたという逸話も残っているほどです」

敬愛する「真のお父様」がそこまで愛していたものなので当然、旧統一教会信者の中にも「釣り」の愛好家が多い。鴨野さんもそのひとりだ。取材先で会った信者が釣り好きだというと、少年のように目を輝かせて、「このあたりは何が釣れるんですか？」などと聞いては釣り談議が盛り上がっている。

そういう場面を何度か見ていたので、信者のみなさんが一体どんな「釣りライフ」を送っているのかというのは、取材者としてすごく興味があった。

教団を追及するジャーナリストや弁護士らが世間に広めている「旧統一教会信者像」には、休日に「釣り」を楽しんでいるようなイメージがないからだ。

マインドコントロールをされて常に教義や献金のことで頭がいっぱいで、すべてを捧げたおかげで常に生活苦で、家族や子どもをかえりみずに家庭を崩壊させる——。ジャーナリストや弁護士らが説く「カルトの被害者像」には、我々一般人がやるような趣味やレジャーに興じている姿はなかなか結び付かない。

もしかしたら、「釣り」をしながら何か儀式や祈祷でもしているのか。いわゆる「合同結婚式」のように、本人たちからすれば当たり前のことが、我々から見れば「異質」に見えるように、彼らの「釣り」も一般の釣りと違うのではないか。

そう思って同行をしたのだが、結論から言えば、ごく普通の「楽しい釣り」だった。

韓国の天苑宮内部の宗教画の中には文鮮明氏と韓鶴子氏が釣りをしているものもある。この宗教画にはキリバス共和国のアノテ・トン前大統領、貧困層のための魚の養殖技術を開発・普及したインド人科学者モダドゥグ・ビジャイ・グプタ氏も描かれている。両者は韓氏が世界平和実現のために創設した「鮮鶴平和賞」を受賞している。（写真提供：世界平和統一家庭連合）

「旧統一教会に海の真ん中で監禁されたなんて書かないでくださいね」

日の出とともにチャーターした釣り船で那覇から2時間ほどの沖合いで釣りをしたのだが、鴨野さんも男性信者の方2人も普通に釣りを楽しみ、カツオをたくさん釣っていた。港に戻るとお昼くらいで、信者の奥さんがおにぎりや味噌汁などを持ってきてくれてそれをいただいた。

ちなみに、男性信者の方の1人は、仕事場にある著名なジャーナリストが、なんの前触れもなく突撃取材に来られて、すごく迷惑だったと言って、その人の名刺を見せてくれた。「反権力」「反安倍」で有名な人だった。

「いきなりやってきて一方的に地元の政治家との関係を問いただされました。一般の方もいる場所で迷惑なのでと言っても、まったく聞き入れてくれません。なんなんですかね、あの人は」

「正義」を掲げるジャーナリストにとって、旧統一教会は「撲滅すべき悪」なので、そこに関わる人々の日常生活やプライバシーなど取るに足らないことなのだろう。

そんなごく普通の「楽しい釣り」だったのだが、あまり船に慣れていない私は、沖合の波の高さで船酔いをしてしまった。釣りを終えて、港に戻る際に気持ち悪くなったので、船首のあたりで風に当たりながらぐったりとしていた。そんな様子の私を鴨野さんは気遣いながら、いたずらっぽい表情でこう言った。

「大丈夫？　今回の釣りは、窪田さんがご自分でついてきたいって言ったわけですから、くれぐれも〝私は旧統一教会に船で拉致監禁されて海の真ん中で洗脳されかけた〟なんて書かないでね。お願いしますよ」

もちろん、冗談だが半分は「本音」の部分もあるのではないかと思った。これまでご自分も記者をやって、広報局長もやってきて、「取材者」という人たちが、自分が経験したことをどうとでもおもしろおかしく「話を盛る」ということができるということを、誰よりもよくわかっているからこそ口をついたジョークなのだ。

「3000万円の聖本」をめぐって白熱の議論

そんな鴨野さんと、私は那覇家庭教会を訪れた。そして本章の冒頭で説明したように、本部からやってきた鴨野さんに対して、信者のみなさんがこの1年半抱えていた感情をぶつけたというわけだ。

ホール内の空気が少し落ち着いて、壮年部の連絡事項などのやりとりがあった後、鴨野さんが信者たちにこう呼びかけた。

「みなさん、今日は窪田さんというライターの方をここにお招きしています。こちらの方は私たちの話に耳を貸してくれないマスコミと違って、私たちのありのままの声を聞きたいということで取材をしてくれています。集会は終わりましたが、今のメディアにいろいろと言いたいことがあるという方はぜひとも残っていただいて、取材に協力をしていただけないでしょうか」

私に対して信者たちの視線が集まる。明らかに警戒をしている。にっこりとほほえんで頭を下げる。すると、意外なことに誰も帰ることなく、20人全員が残ってくれた。そして、みんなでテーブルを動かして「ロの字」へと変えてくれたのである。

私が席に座ると、信者のみなさんも次々と着席をする。全員が揃ったところで鴨野さんが私に「では、窪田さん、お願いします。みなさん、なんでもお答えしてくれると思いますから」と言ってきた。

簡単な自己紹介をして、本書の「はじめに」で述べているように、なぜ私が旧統一教会を取材してみようと考えたのかという理由を説明した後、私はさっそく「霊感商法」について聞いてみた。

全国霊感商法対策弁護士連絡会は、信者たちが文鮮明氏の説教がおさめられた「聖本」を3000万円で買わされたり、高額な大理石の壺を買わされるということが「霊感商法」だとして厳しく批判をしている。このような指摘について実際に、「聖本」などを購入したこともある信者のみなさんは、どう感じているのか。

私がそのように質問をすると、すぐに60代くらいの男性が口を開いた。

「弁護士の人たちの主張というのは、宗教というものへの敬意も理解も感じられません。例えば、イスラム教の聖典（コーラン）を手に入れるためにムスリムの人が3000万円払ったとしますよね。それで弁護士がマスコミに出て、このムスリムは霊感商法の被害者だと主張し始めたらどんなことになりますか？　ムスリムの人たちは自分たちの宗教が侮辱されたと怒りますよね？　私たちにとって聖本も同じなんです」

「霊感商法」か「信仰の証」か――

確かに、そうだ。もしイスラム教が強く、過激な原理主義者がいるような国で、そのような主張をしたら「イスラム教を侮辱した」ということで身の危険が及ぶかもしれない。そんなことを考えていると、白髪が印象的な70代男性が声を上げた。

「窪田さんは先日、古いヘブライ語で書かれた聖書が、アメリカで競売にかけられて52億円で落札されたのはご存知ですか？」

23年5月、1000年以上前のヘブライ語の聖書が、米ニューヨークのサザビーズでオークションにかけられて、写本としては史上最高額の3810万ドル（当時の日本円換算で約52億4000万円）で落札された。そのことである。

「これほど高額になったのは、ただ歴史的な資料として価値があるだけではありません、信仰者にとって聖書というものはそれほど価値があるものなんですよ。信仰をもたない人にはなかなかご理解いただけないでしょうが、宗教というのはそういうものなのです」

確かに、信仰のない者が見ればただの本、紙切れでも、信仰のある者からすればそれは数千万円、数億円にも匹敵する「価値」があるというのはわからんでもない。ただ、そのような金額を払えない人にまでその「価値」を訴求してしまっていることが、山上徹也被告の家庭のような問題を生んでしまったのではないか。そのような考えを私が述べると、今度は50代くらいの、明るくはきはきと喋る男性が手を挙げた。

「そう思うのは、あなたが聖本を〝金品〟だと思っているからですよ。例えば、もしも私が誰かにこの聖本をタダで譲ってもらっても何も嬉しくありません。〝3000万円も得をした〟なんて絶対に思いませんよ。これは私たちにとって、真のお父様が丹精込めてつくった教典であって、自分で努力をして手に入れることに意味がある。つまり、自分自身の〝信仰の証〟なんですよ」

「なるほど、確かにみなさんからすれば聖本や壺もそういうことになるんでしょうね。でも、現実問題として教団の〝金品〟としてとられている人もいます。教団に騙されたという被害者です。〝金品〟だと思っているので、それを購入したお金を返して欲しいと訴えているわけです。そのあたりについてはみなさんどう思いますか？」

「被害者」という言葉を出したことで、空気が多少張り詰めたが、しばしの沈黙の後、50代くらいだろうか、長身の男性が静かに語り始めた。

信仰歴50年の信者が語る「教会の問題点」

「お金っていうのは人によってまったく使い道が違いますよね。例えば、ある人が幸せな家庭を築きたいと思って、何千万円もするマイホームを購入するじゃないですか。でも、そこで失業したりしてお金がなくなってしまった。あるいは幸せな家庭が壊れてしまった。そこでその人が〝やっぱりマイホームなんて買わない方がよかった、マイホームを買ったせいで人生が狂ったから住宅会社はお金を返せ〟と言い出したら、窪田さんはどう思いますか？」

「ちょっと無理のある言いがかりだと思います」

「そうですよね。小学生でもわかる理屈ですよね。自分が幸せになりたいと使ったお金は、自分の責任において使われたものなので普通に考えたら取り消せるものではないんですよ」

このような対話をしていて強く感じたのは、信者のみなさんは基本的に「お金」というものの概念が世間一般社会とかなり異なるということだ。お金がたくさんあるから幸せということでもなく、お金が少ないから不幸ということでもなく、お金とは信仰を続けるための「道具」のように考えているように感じた。

教団を追及するジャーナリストや弁護士らの話だけを聞いていると、旧統一教会信者というのは霊感商法で壺や聖本などを高額で売り付けて、献金も執拗に迫ってくるということから、「お金集め」に異常に執着しているようなイメージを抱く。しかし、実際に会って話を聞いてみると、我々一般人ほど「お金」を重視していない。

重視をしてないからこそ、なんの罪悪感もなく多額の献金を求めることができる。重視していないからこそ、高額な壺などの物品にポーンと大金を出してしまうのかもしれない。

そんなことを考えていたら、ジャケットを着た身なりのいい70代ほどの紳士が手を挙げた。

「私は今出ているような意見とは、ちょっと違ったことを考えています。私も50年という長い時間、信仰を続けてきましたけれどやはり教会側にも問題があったのではないかと感じています」

「空手」のおかげで拉致監禁から逃れた信者

その紳士に私は「その問題とは具体的にどのようなものでしょうか？」と聞いてみた。彼はゆっくりと喋り始めた。

「これまで私は、自分の経済状況に合わせて献金などを制限してはいけないのではないかという思いをもって、信仰を続けてきました。摂理を進めていくためには多少の無理も致し方がないと。でも、やはりそれは今のコンプライアンスとは合っていません。教会をそういう正常な位置に戻すことができなかったというのは、私たちが反省をしなくてはいけないところじゃないでしょうか」

この言葉は重いと思った。50年間、この人が信じてきたのは、いうなれば「神様のルール」である。それを最も尊いものだと思い忠実に従ってきた。しかし、今回の問題が起きたことで、それだけではなく「社会のルール」ともうまく折り合いをつけていかなければいけなくなった。50年間信じてきた価値観をアップデートしていくというのは生半可なことではない。

すると、今度は別の男性が勢いよく手を挙げた。沖縄の人らしくよく日焼けした肌の60代くらいのガッチリとした体型で、笑顔が絶えない陽気な雰囲気の人だ。

「確かに教会にも反省すべき点はあるかもしれません。でも、やはり宗教には信教の自由ということがありますよね。私は今回これが脅かされているということをマスコミがまったく扱わない。こちらが大きな問題だと思いますよ。例えば、拉致監禁問題。いきなり何人かに

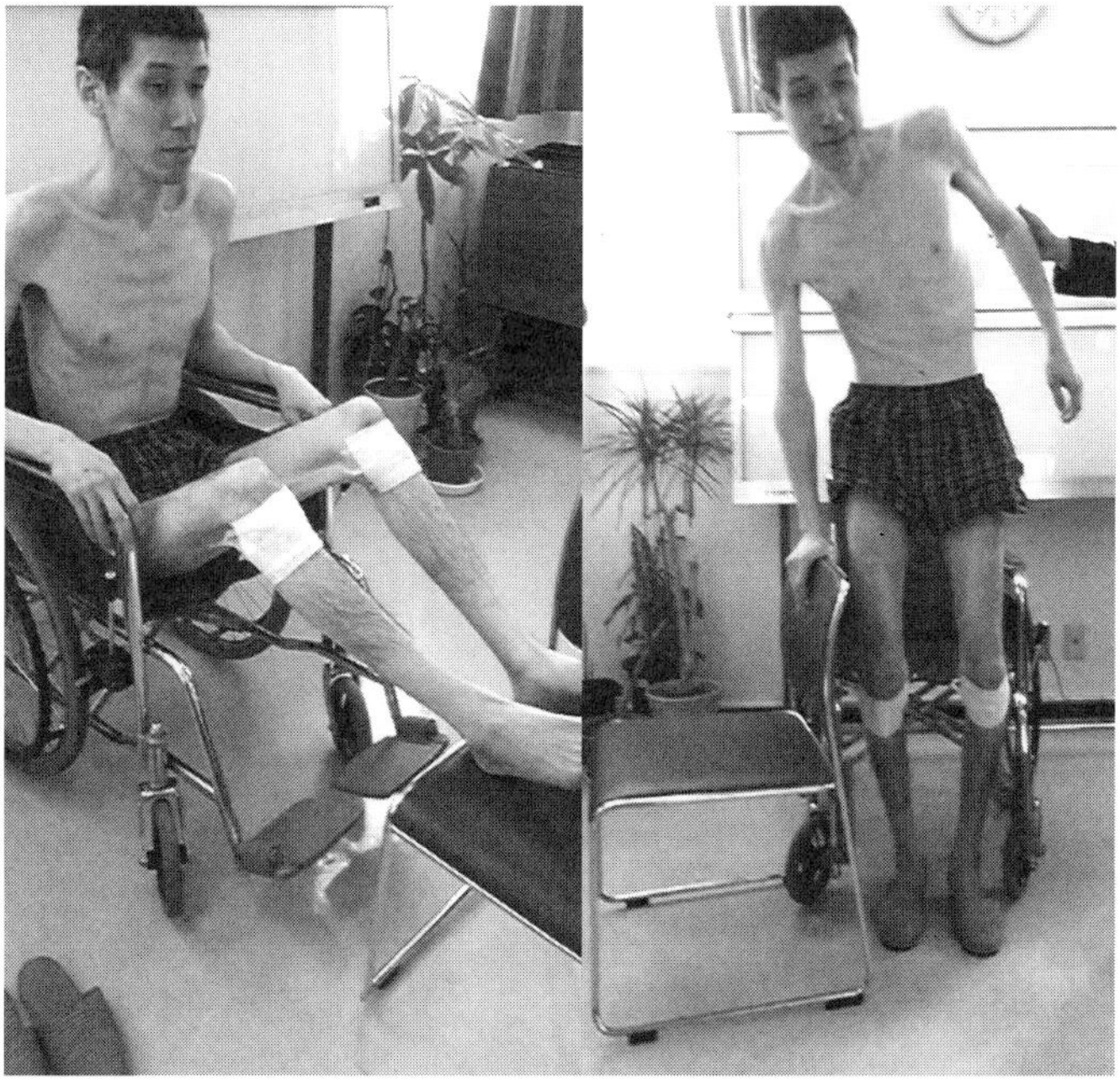

強制棄教のため、マンションに12年5か月間監禁されていた後藤徹氏が民事訴訟に提出した写真。最高裁で後藤氏は拉致監禁の被害者と認定されたが、ジャーナリスト・鈴木エイト氏は「ニート化してただの引きこもりとなった」「被害者アピール」と全否定。現在、後藤氏は鈴木氏を名誉毀損で提訴している。（撮影：米本和広）

さらわれて部屋に監禁されて、改宗を迫られるわけです。こんなことアメリカでやったら大問題ですよ。ちなみに私も若い時に拉致監禁されかかったことがあるんですよ。でも、私の場合は空手をやっておりましたので、どうにか無事に切り抜けることができましたがね」

信者の間から笑いが起きる。この陽気な男性に触発されたように、信者たちが次々と「マスコミの報道姿勢」に対する不満を語り始めた。

溢れ出す「偏向マスコミ」への不満

「マスコミは被害を訴える元信者などの話を集めて、家庭連合は加害者だとしきりに言っているけれど拉致監禁問題とか、宗教弾圧など被害者の面もあります。しかし、マスコミはその事実は伏せている。加害者だ、加害者だ、と騒いで追いつめたいように感じます」

かりゆしシャツを着た70代の男性がそのように語ると、近くにいたポロシャツ姿の60代くらいの男性と、Tシャツ姿の50代男性も相次いで意見を述べてくれた。

「私も今のマスコミの偏向報道を見るのは本当に嫌で、テレビなどもなるべく見ないようにしています。でも、これを打ち返し（反論）しても解決はしないと思います。やはり相手を殴ったら殴り返されるだけです。我々に無駄な時間と労力をかけさせることをサタンは一番喜ぶわけです。ですから、やはり私たちひとりひとりで頑張って、正しい信仰の姿というものを世に見せていくしかないんじゃないでしょうか」

「私が強く感じたのは日本にはマスコミの偏向報道をチェックする機能がないということです。今回、政府が教団に対して解散命令請求をしようとなったのは、〝被害者〟を名乗る人たちの主張に偏った報道に突き動かされたからです。つまり、実は日本では国会などの最高機関よりもマスコミの方が上にあるということですよ。そういうマスコミの報道を誰もチェックしない、できないというのが本当に悔しい」

やはりこの1年半、旧統一教会の信者たちにとって「マスコミの偏向報道」というのは、最も腹立たしい問題になっているようだ。みなそれぞれ思うところがあって、話し出したら止まらないというほどだった。

「今も自民党の先生たちは旧統一教会を危険な集団などと思っていない」

一方、怒りの矛先が「マスコミ」だけでは止まらない人も少なくない。メガネをかけてワイシャツ姿の70代くらいの男性は「政治家」の教団に対するスタンスを強く憤っていた。

「今日、あなたが私たちの話を聞いてくれるというので、これだけは言っておきたい。自民党の政治家のほとんどの人は、旧統一教会が危険な集団だなんてことはまったく思っていませんよ」

この男性はこれまで関連団体で、国会議員や、県議会議員、市町村議員などさまざまな自民党の候補者を応援してきたと言う。さらに、関連団体が主催するイベントにもたくさん参加してもらった。そういう現場で自民党議員たちと「信頼関係」を築いてきたと自負しているという。

「でも、今は自民党はみなさんとの関係を断つと宣言をしていますよね」と私が言うと、男性は悔しそうな顔をしてこう答えた。

「今はこういう状況なので、みんな我が身がかわいいので、声を出してそう言うことができないだけなんですよ。でも、自民党の先生たちで私たちと関わりあるような先生の中で、教団のことを悪く言う人はひとりもいませんよ。それだけはわかってください」

男性の訴えに、なんだかちょっぴり気の毒になった。鴨野さんがチューリップテレビのインタビューで述べた「失恋と失業」を味わった人が、ここにもいたのである。

そんな私たちのやりとりに黙って耳を傾けていた別の70代男性が手を挙げて、こんなことを言ってきた。

「我々と関係断絶なんて言っている議員はみんな若いでしょ。だから、我々が50年前からどれほど自民党に貢献をしてきたのかということを知らないんです。岸田首相も66歳とかで、60代だったらまだ子どもですからね」

教会の2世のうちの8割が親に従っていない

この男性は50年ほど前から関連団体で、自民党の応援をしてきた。1978年の京都府知事選や翌79年の東京都知事選なども朝から晩までボランティアをした経験があるという。

「でもね、そういう昔のことだけじゃなくて最近の名護市長選とかでも、私たちが頑張ったことを自民党はないことにしようとしている。これは非常に辛いですよ、なんだか裏切られた気分ですよ」

名護市では、左翼勢力「オール沖縄」が推薦する稲嶺進氏が市長を務めてきたが2018年の選挙で、自民党・公明党が推薦をする渡具知武豊氏が勝利。22年1月にも再選を果たした。これを旧統一教会の関連団体としても応援をしていたのだ。

沖縄では22年9月に県知事選挙で、自公が推薦した元宜野湾市長の佐喜眞淳氏が敗れており、その敗因として、「佐喜眞氏は旧統一教会と関係がある」という報道が影響をしたという指摘もあった。自民党候補者の選挙において「旧統一教会」がマイナスに働いたと言われる中で、名護市長選はそれをはねかえした形になったわけだが、それに対して自民党側から正当な評価を得られていないことが「不満」のようだった。

信者のみなさんとさまざまな対話をするうちに、気がつくとかなり時間が経過していた。そこで最後に「親」の立場から見た「2世問題」について聞いてみた。すると、まず口火を切ったのは、白い半袖シャツを着た60代男性だった。

「まず私が世の中の人に知ってもらいたいのは、教会の2世信者の中でおよそ8割の人が親に従ってないと言われているということです。小川さゆりさんという女性が記者会見をして、洗脳されて信仰を強制されたとか、いろいろなことを我慢したなどと主張しているそうですが、ほとんどの2世信者は親に従っていないという動かし難い現実があるんです。つまり、一方的に頭ごなしに信仰を強制したり、マインドコントロールをしているなんてのは大間違いってことです」

「小川さゆり」も苦しめた「恋愛禁止」という2世の掟

多くの信仰2世は、親である信仰1世に従っていない、という男性の主張に多くの信者が頷いている。やがて40代くらいの若手の男性が語り始めた。

「山上徹也や小川さゆりという2世の人が、親の信仰によって苦しめられたと主張しているのは、同じ2世として気の毒だと思います。確かに、親が熱心に信仰をしていることで、子ども時代に寂しい思いをしたという2世を私も知っています。でも、ほとんど2世はそういう時代を乗り越えて、すごくたくましくて、好きなように生きていますよ」

この男性の知っている2世も幼い時は、親が熱心に献金をしていたということもあって貧しい暮らしをしていたが、その分すごく努力家になって、学業に打ち込んで優秀な成績で学校を卒業して現在は、自分自身で事業を始めてイギリスで活躍をしているという。

このようなポジティブに生きる2世の話で盛り上がる中で物静かな紳士という印象の60代の男性が挙手をして、まったく異なる意見を述べた。

「2世が自由だというお話をしていますが、私はそうじゃないんじゃないかと思います。それはなぜかというと、恋愛問題でかなり縛られているからです。やはり子どもにとってはそれがすべてじゃないですか。そういう中で私自身も子どもに厳しく戒律を守るように育ててしまったという反省もあります。厳しさではなく、教義をしっかりと教えて子どもを信仰に導いてあげるべきだったと今は反省をしています」

確かに、「小川さゆり」を名乗る女性もマスコミの取材に対して、「恋愛すると地獄に落ちてしまう　堕落してしまう　それは死と同じと友達と恋愛の話をしている場面も　常に罪悪感があった」（「MBS　NEWS」2022年12月11日）と述べているように、「恋愛禁止」が辛かったということを述べており、脱会後は一般人男性と結婚している。

自分で人生の選択をした人を「マインドコントロール」で片付けていいのか？

男性が意見を述べ終わると、近くにいた60代くらいのTシャツに短パンというラフな出立ちの男性も口を開いた。

「子どもが恋愛を抑えられないというのはよくわかりました、私たちも反省すべきところはたくさんあると思うんですよ。でも、私は最終的にはやはり親子関係だと思うんですよ。あなたは神様の子どもであって、親はあなたを愛しているということをちゃんと伝える。私は社会人になって酒もタバコもやった後で入信をして、やはりここで教えている統一原理は間違っていないということを確信しています。だから、そういうことを子どもにちゃんと伝えていくしかないと思っています」

そのように語る男性の子どもは成人して祝福結婚を受けた。過去にはやはりいろいろと親子関係がうまくいかない時もあったが、最終的には「お父さんとお母さんのようになりたい」と言ってくれたことが、親として素直に嬉しいという。

そのような話に耳を傾けて、教団を追及するジャーナリストや弁護士らが主張をする「マインドコントロール」というものがますますよくわからなくなっていた。

親側にしても、子ども側にしても、これだけ悩み、苦しみ、葛藤をしながら自分なりの人生の選択として「信仰」を続けている。

確かに、「小川さゆり」を名乗る女性のように、教団に人生をめちゃくちゃに狂わされたと訴えるような2世も存在していて、彼らによれば、そのような信者たちは「マインドコントロールされている」と言う。一方で、信者からすれば「小川さゆり」や脱会した元信者は、弁護士やキリスト教系団体から「マインドコントロールされている」と言う。

私からすれば双方とも、自分なりの人生の選択をしたというだけなのに、「マインドコントロール」というそこにはまったく人間の自立した意志のない「操り人形」のように語られている。自分が理解できない選択、賛同できない価値観をもつ者はすべて「マインドコントロール」で片付けているような危うさを感じるのだ。

「マインドコントロールのやり方があるのなら教えてもらいたい」

そんなことを頭の中でぐるぐると考えていると、私の目の前に座っていた、白髪で長身の70代くらいの男性が遠い目をして語り出した。

「もうずいぶん昔のことですがいろいろと思い出しました。子どもたちに教義を理解してもらうのは本当に苦労しましたよ。反発もしましたし、親の言うことなんか何も聞きません。親子っていうのは大変ですよ」

男性の話に頷きながら私が「それこそ、マインドコントロールできたらどんなに楽でしょうね」と言ったら、信者たちは大きな笑いに包まれた。

「いや、まったくその通りですよ、マインドコントロールのやり方があるのなら、教えてもらいたいくらいですよ」
「だったら、うちはまずは奥さんからマインドコントロールしないと。いつも叱られてばっかりですから」

冗談を言い合って笑っているその姿は、日本のどこにでもいる普通の人だ。彼らを見ていると、私の中で「マインドコントロール」という話がかなりご都合主義的な話のような気がしてきた。

社会から「マインドコントロールされている」と言われている旧統一教会信者でさえ、人の心を操ることなどできない。だから信仰をもたない我々と同じように、悩み、苦しみ、時に互いに傷付け合いながら、苦労をして親子関係を築いている。

そこで良好な関係を築く親子もいれば、「小川さゆり」や山上徹也被告のような不幸な関係となってしまう親子もいる。ただ、それは別に旧統一教会に限った話ではないような気もする。

信仰をもっていない親子でも関係がこじれて、何年も会わないというケースはある。親が失業や事業に失敗して、子ども時代に貧しい暮らしを強いられて、イジメにあうような話もよく聞く。親がギャンブルやホストにのめり込んで、ネグレクトにあうような子どもたちもたくさんいる。

このように親子関係がこじれてしまうのはさまざまな問題がある。それがすべて「旧統一教会の教義」「マインドコントロール」の一言で片付けていいのか。もちろん、無関係ではないだろうが、そこにすべての「罪」を着せてしまうのも乱暴な話ではないのか。

旧統一教会の現役信者たちに話を聞けば聞くほど、私はそのような思いを強めていった。

夫に30年間反対されながら4人の子どもを入信させた80代女性

翌日、私と鴨野さんは再び那覇家庭教会にやってきた。メディアが取材にやってきていると聞いて、「どうしても聞いてもらいたいことがある」と取材協力を申し出てくれた人がいるというのだ。

3階に上がり応接室のような部屋に入ると、そこには高齢女性がソファに座っていた。比嘉さん(仮名)という80代女性だった。自分で事業をやっていて今も現役バリバリで働いているということで、非常にエネルギッシュで矍鑠《かくしゃく》とした印象の女性だ。

挨拶と取材の主旨を説明してさっそく、比嘉さんの家族構成と40年に及ぶ信仰歴について伺った。1年半前に他界してしまった夫との間に男2人、女2人の4人の子どもたちがいて、今はそれぞれすべて独立をしている。入信をしたのは34歳で長い間、夫はずっと反対をしていたという。

「子どもたちが文先生の教えを受け入れていく中でも、夫だけは30年以上も反対をしていましたよ。でも、70代後半になって病気になったりしたことがきっかけで、（教義の）勉強を始めて祝福も受けました。83歳で亡くなりましたけれど、おかげさまで今は天国にいますよ」

「入信した妻に反対する夫」というと思い浮かべるのが、マスコミにたびたび登場をしている、橋田達夫さんだろう。高知県で元妻が旧統一教会に入信をしたことで、家庭が崩壊をしたと訴えている橋田さんによれば、元妻は田んぼを売り1億円にも上る献金をして、長男が自殺しているが、それも元妻が信仰にのめり込んだのが原因だという。

しかし、比嘉さん夫婦の場合、橋田さんのケースとだいぶ違うように感じる。しかも、そこで子どもたちまで入信しているのだ。これには鴨野さんも驚いて私にこんな説明をした。

「教団の中でも珍しいケースです。夫が反対をしている中で、子どもたちを伝道するというのは、かなりのパワーと、愛がないとできませんからね」

「あなたの生き方を邪魔しないから、私の生き方も邪魔をしないでね」

それを聞いて、比嘉さんは嬉しそうに微笑んだ。しかし次の瞬間、私にとってはかなり「意外」なことを言った。

「でも、もう子どもたちはそれぞれの生き方なんですよ。信仰をなくした者もいて、だからと言って信仰を続けている者は〝間違っている〟とか〝騙されている〟とか批判しないです。子どもも私もみんな〝あなたの生き方を邪魔しないから、私の生き方も邪魔をしないでね〟という感じですね」

長女と次女はそのまま信仰を続けて、韓国人の男性と合同結婚式をしたいわゆる「韓日祝福結婚」をして今も韓国で生活をしている。しかし、比嘉さんと同居して今も事業を一緒にやっている50代の長男は、信仰をなくしてしまったという。家を出て別の仕事をしている40代の次男も同様だ。母の信仰にも反対というわけではないが、「信じる人は勝手にどうぞ」という姿勢だという。

そんな比嘉さんの話を聞いて、私はちょっと予想が裏切られた。夫が反対をする中で、子どもたちを入信させるくらい熱心な信者なら当然、長男や次男が信仰を失ったらどうにかして「改心」をさせようと奮闘をするかと思ったのだ。しかし、比嘉さんは「人それぞれ」と言い切って、気持ちのいいくらいサバサバしている。

比嘉さんの一家のように家族内とはいえ、「信教の自由」を互いに認め合う親子関係なら、山上徹也被告や「小川さゆり」を名乗る女性が訴えるような「２世問題」もなかったのではないか。私がそのような考えを伝えると、彼女はこう言った。

「だから、私はＴＢＳの取材が本当に悲しいですよ。みんなそれぞれの生き方をしていてそれぞれの事情も違うのに、いきなり仕事場にやってきて〝どう思いますか〟とか〝知りませんか〟とか一方的に言われてすごく迷惑でした。私たちの教えを何も勉強していないのに、間違っているとか悪いとか。なんで何も知らない人にそんなことを言われなければいけないんですか」

ＴＢＳから受けた理不尽な「報道被害」――実はこれこそが比嘉さんが私に聞いてもらいたかったことだった。

相手の都合などおかまいなしにリンチする
TBS「報道特集」の金平キャスター

その日、比嘉さんは事務所でいつものように仕事をしていた。比嘉さんを補助するスタッフ1人とお客さんが1人いた。比嘉さんが仕事に関する書類をお客さんと確認していたところ突然、事務所の扉が開いた。

「すいません、私はＴＢＳの金平と申します」

そう言って中に入ってきた男性。比嘉さんはもちろん、スタッフ、お客さんが戸惑っているのもお構いなしで、「旧統一教会問題についてご存知ですか？」「高額献金についてどう思いますか？」とまくしたててきたというのだ。

比嘉さんは知らなかったというが、それはＴＢＳの報道番組「報道特集」のキャスターである金平茂紀氏である。後に友人から教えられて「報道特集」を見たところ、「ああ、あの時の人だ」と思ったが、その印象は最悪だ。

「あまりにも非常識ですよ。私が〝今お客さんがいて迷惑だから帰ってください〟とお願いしてもまったく聞いてくれない。あんまりしつこく〝献金はどうですか〟とか質問してくるので、私は〝人それぞれの思いがあってやっていることですし、私の思いはお話しをしてどういう風にテレビで流されるのかも怖いのでお話ししたくない〟という趣旨のことを答えました。それでもなかなか帰らずに〝もう信仰はやめたんですか？〟と聞くので〝やめていません、まだ勉強中です〟と答えたら、ようやく帰っていきました」

比嘉さんの話を聞いていた鴨野さんも大きく頷いていた。聞けば、同様の「報道被害」は全国のいたるところで起きているという。鴨野さんの地元である富山でも、伝統的な家族観や女性の「純潔」の重要さを説く教育をしている女性信者が、ＴＢＳの記者から自宅に押しかけられたという。

「なんのアポイントも取らず、突然に自宅前でマイクを突き付けられて、答えている場面を撮影されたようです。ご本人は、放送する場合は連絡がくるだろうと思っていたようですが、連絡もなく放送されたのです。女性ですから、テレビに出るならば、髪を整え、身だしなみも気になるでしょうが、まさに不意打ちでした。大変、失礼な取材手法です。こういう被害にあう信者はたくさんいますよ」

弱者を食い物にしている意味でマスコミも「カルト」

ジャニーズ事務所の創業者・ジャニー喜多川氏の「性加害」を30年以上にわたって「黙殺」してきたテレビ局の対応が問題になっているように、「テレビ」というメディアは「権力者」には忖度もするし手心も加える。しかし、不倫をした芸能人とか、失言をした政治家とか、「社会全体で叩いてもいい個人」に対しては配慮ゼロで、リンチのように執拗な攻撃をする傾向がある。

そういう〝弱者に強い〟テレビにとって、「カルト」と呼ばれる宗教団体の信者など格好の獲物だろう。

しかし、そういうことを考えれば考えるほど、私も胸がチクリとした。かく言う私も若い頃に週刊誌記者として、金平氏のようなことを数え切れないほどやってきたからだ。

日本全国を騒がすような大事件となると、ライバル誌やワイドショーのレポーターたちと競い合うように「取材合戦」をしていたので、事件関係者の自宅にノーアポイントメントで訪問するなど当たり前で、取材拒否の人を追いかけたり、待ち伏せしたりして強引に話を聞くなんてことを「日常業務」としてやっていた。

先輩たちも同僚たちも当たり前のようにやっていたので、そういう取材が「正しい」と思い込んでいた。しかし、記者をやめて別の世界で社会人として働いてみると、それがいかに他者への敬意にかけた非常識な行為であって、「社会正義のために取材をする自分たちは何をしてもいい」というメディアの「驕り」だということがよくわかった。

比嘉さんは周囲の人々にも自身の「信仰」をオープンにしているが、もしさまざまな事情で隠している人だったら、TBSはどうするつもりだったのか。自分たちが押しかけて「あなたは旧統一教会の信者ですね」と犯罪者のように取り調べをするということが、どういう結果をもたらすのか考えているのか。自分たちはそのまま飛行機に乗って東京に帰るので、関係ないが、その場所でこれからも生きていく人の「日常」を壊しているという自覚はあるのか。

おそらく自覚もないし、そんなことを考えることもないだろう。かつての私もそうだった。「報道」というのはその世界にいると、自分たちは正義のために何をしても許されるという「選民意識」のようなものに支配され、それが傲慢な振る舞いや、暴力的な取材につながってしまう。近年ネットやSNSで「マスゴミ」と叩かれるのがその証左だ。

ちょっと見方を変えれば、自分たちは常に正しいという思い込みで迷惑行為を繰り返し、弱者を食い物にしているというところではマスコミも「カルト」なのかもしれない。

TBSが比嘉さんに「突撃取材」をした理由

そんなことを考えている中でひとつの疑問が浮かぶ。なぜTBSはそんなに執拗に比嘉さんに「高額献金」を質問したのだろうか。それには比嘉さんも不思議そうに首を傾げた。

「なんで私のところにきたのかはよくわかりません。でも、確かに献金ならば私が恥ずかしいくらいやってます。言いませんけれど〝億〟も動かしたかもしれません。でもね、それはすべて自分で納得して捧げたもので、いっぺんの後悔もないし、感謝もしています。40年以上も一度も不満はもったことがありませんよ」

鴨野さんが「ひとつの可能性ですが」と前置きをして、比嘉さんが狙われた理由を推測した。

「今、マスコミ、特にTBSの報道特集などでは、信仰をおやめになった元信者の方たちが情報提供をしているんですね。そこで、どなたかが〝沖縄には比嘉さんという熱心な信者がいて、大変多くの献金をしている〟という情報をTBSに持ち込んだのではないでしょうか」

私も同じ可能性を考えていた。それなら「報道特集」が比嘉さんに「もう信仰をやめたんですか？」と質問したのも理解できる。「現役信者」からの情報提供ならば、比嘉さんが今も信仰を続けていることは当然知っている。「元信者」のリークだからこそ、情報が古くてそこまで把握できていなかったのだ。

信仰をやめた人ならば、教団に不満や恨みを抱えている。多額の高額献金をしているのならその「被害」を赤裸々に語ってくれる。そんな「見立て」でアポも取らずに、金平キャスター自身が「突撃取材」をしたが、残念ながらアテが外れてしまったというわけだ。

つまり、今回の比嘉さんへの取材は今、マスコミが必死にやっている「高額献金の被害を訴える元信者」をローラー作戦で捜す作業の一環ということなのだろう。だから、こんなに「雑」な取材になってしまったのかもしれない。私がそのような考えを告げると、比嘉さんも頷いた。

「そうかもしれませんね。とにかくいい加減でしたよ。だって、献金がどうしたとか聞きたいのなら、まずは勉強をしてもらいたいですよ。私たちがどういう思いで信仰を続けているのかを勉強すれば、〝高額献金についてどう思いますか？〟なんてくだらない質問は出ないですよ。興味があるのならまずは勉強をする、普通の人だってやっていることを、なぜマスコミの人はできないのか不思議でしょうがないですよ」

マスコミ報道を心配した友人が教養を「勉強」するようになった

マスコミは「勉強」が足りない。比嘉さんがそのように憤るのには理由がある。周囲にいる「普通の人」が、旧統一教会に関心をもって勉強を開始したからだ。

比嘉さんと長い付き合いがあり、信仰のことも知っている友人がある時、比嘉さんと話をしていて心配をして、こんなやりとりをしたという。

友人　あなたの宗教今すごくマスコミから打たれている（批判されている）けれど、大丈夫？

比嘉さん　大丈夫、大丈夫、打たれているのは今に始まったことじゃなくて前からだよ。それに心は辛いけれど、体の痛みはないから平気よ

友人　でも、テレビだとすごく怖いところだって言ってるよ。洗脳とかしてたくさんお金

を騙しとるって
比嘉さん　あんた、私を見て、洗脳されていると思う？
友人　思わないね。でもじゃあ、なんであんなに打たれるの？
比嘉さん　さあ、本当のことを言っているから打たれるんじゃない？
友人　そんなもんかねえ
比嘉さん　あんた興味あるんだから一度一緒に講演会行こうよ、勉強をしてみて本当に怖いところか確かめたら？

こんな軽いやりとりの後、この友人は今、教会に熱心に通って文鮮明氏が唱えた「原理」を勉強するようになったという。誤解を恐れずに言えば、「純烈」などの高齢者に人気の歌手のコンサートに一緒に行こう、という極めてカジュアルな感覚で、「伝道」が行われているというのだ。

「非常識な振る舞い」を見たら報道も信用できない

「まだちょっと怖がっていますけれど、原理の勉強に関しては今、彼女はすごく燃え上がっていますよ。私もまだまだなので83歳までに、お父様の書いた5冊の本を読破しようと思っています」

教団の追及をするジャーナリストや弁護士からすれば、これぞまさしく「マインドコントロールの現行犯」ということなのだろうが、屈託なく笑っている比嘉さんを前にすると、単に人生のやりがい、目標を見つけている普通に生き生きとしたシニアという感じだ。

これは私自身も「マインドコントロール」を受けて感覚が麻痺しているということなのか。それとも、そういう気配がまったくないことが、マインドコントロールの恐ろしさということなのか――。これは正直、私にはよくわからない。

ただ、比嘉さんと話をしてひとつだけ断言できるのは、マスコミの旧統一教会信者への取材が、信者たちの「マスコミ不信」に拍車をかけて、これまで以上に互いに理解のできない「溝」が深くなってしまっているということだ。

比嘉さんに対して、マスコミが報道をしている「山上徹也被告が安倍元首相を殺害したのは、教団に母親がマインドコントロールされて、高額献金を繰り返して家庭が崩壊したことが原因だ」という件について、同じ母親という立場からどう思うのかと質問をしたところ、ニコニコしていた比嘉さんから笑顔が消えた。

「そういう話もどこまで本当か信じられませんよ。あの山上徹也という人も誰かに操られていたかもしれないし、本当は何をしでかした人なのかもまだ全然わかってないじゃないですか。信仰にのめり込んだとかいうのもマスコミが言っているだけで、お母さんを貶めようとしているのかもしれない」

前にも述べたように、山上徹也被告を操っていた「黒幕」がいると言わんばかりの「陰謀論」を暗に示唆するようなことをおっしゃるのだ。この根っこに強いマスコミ不信があることは言うまでもない。

インタビューを終了して那覇家庭教会を後にした私はなんとも言えない無力感に包まれていた。比嘉さんが最後に述べた言葉が、27年間メディアの仕事をしてきた私の胸に重くのしかかってきたからだ。

「報道とか偉そうなことを言っても、人の話をぜんぜん聞かないで、勉強もしないで、自分たちの一方的な意見を押し付けてくる。あの人たちのそういう非常識な振る舞いを目の前で見てしまったら、もうマスコミの言っていることを信用しろという方が無理な話ですよ」

第6章

現役信者にとっての「山上問題」

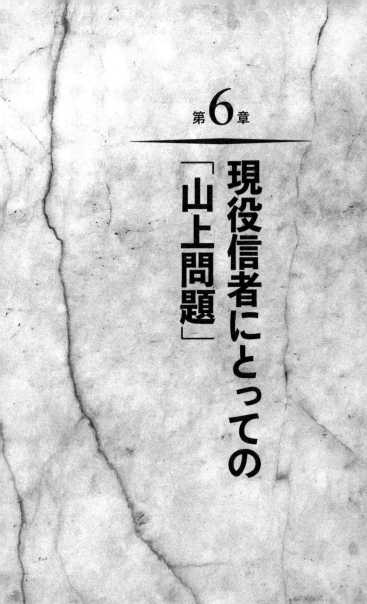

農薬、化学肥料、動物性堆肥を使わない「日の本壱萬年農法」とは

神奈川県平塚市の郊外に「上吉沢」という地域がある。隣の大磯町にわたって広がる鷹取山の北側にある高台で、原生林が残る自然保護区として知られている。

ここはとにかく見晴らしが素晴らしい。南側には平塚市街や相模湾を一望できて、北側には美しいピラミッド型の山容が見える。丹沢大山国定公園を代表する「大山」だ。また、観光ハイキングコースの通り道になっていて、その道を進んで行くと、大きな在来の樹木に囲まれた八剱神社や、大きな一枚岩に清流が静かに流れる「霧降の滝」などがある。

この上吉沢には原生林だけではなく、約7ヘクタールの農地が広がっている。東京ドームが約4・7ヘクタールなので、かなり広い農園ということがわかってもらえるだろう。この広大な農地を管理しているのは、「湘南小巻ファーム」。この地で先祖代々、農家をしていた「小巻家」が経営している農業法人である。できた野菜は農園内のセルフ直売所で売っているほか、通販で全国から取り寄せることができる。

そんな「湘南小巻ファーム」、実はテレビや新聞などのメディアにも取り上げられるほどの

湘南小巻ファームのホームページ。写真は小巻夫妻。「固定種やさいセット」などで生産した野菜を全国発送もしている。https://shonankomakifarm.com/

「有名農園」である。

セルフ直売所は近隣からだけではなく、県外からも訪れて直売所で野菜を買って帰る人もいる。通販のクチコミでも「どの野菜も新鮮で美味い」「大地の味がする」「生命力抜群」と高い評価が並んでおり、東京や横浜の人気飲食店でも使われているほどなのだ。

なぜここまで人気なのか。秘密は農園主が長年研究して編み出した独自の農法にある。実はこの「湘南小巻ファーム」は、農薬、化学肥料、動物性堆肥を一切使わず、森の落ち葉と茅のみを使って野菜を栽培する

「日の本壱萬年農法」を編み出している。しかも、この農法によって、スーパーで売っているような野菜ではなく、日本古来の「固定種」の伝統野菜が120種ほど生産されているのだ。

農薬を開発した男が編み出した「無農薬農法」

「畑を荒らす害虫というのは主に夜に活発に活動をするんです。ですから、夜中に懐中電灯を持って畑に行って土の中にどれだけ虫がいるのかということを数えてそれをしっかりとしたデータにしていくと、畑の中にどれほど害虫がいるのかという密度とか、害虫が増える周期というのがわかってくる。それがわかれば、害虫の少ない周期に合わせて、その時期に栽培できる苗を植えれば農薬を使わないでも生産ができるんですよ」

そう語るのは、「湘南小巻ファーム」の農園主である小巻秀任さんだ。年齢は41歳。メガネをかけて物腰が柔らかく人の良さそうな雰囲気の男性だ。「日の本壱萬年農法」について熱っぽく説明をする秀任さんの生き生きした顔を見て、「ああ、この人は本当に農業が好きなんだなあ」と思っていると、彼はその視線に気づいて照れ臭そうに笑った。

「すいません、こういう話ばかりをしていると、みんなにドン引きされてしまいます。私はもともと研究者でこういうデータとかの話になると止まらないんですよ」

もともと秀任さんは東京農業大学でも農業について研究をしていた。しかし、大学卒業後は親から「農業では食えない」という勧めもあって大手製薬会社に就職をして農薬の開発に携わった。これが秀任さんの人生を大きく変える。

「農薬の開発をしてみて農薬の真実を知ったんです。そこで、農薬を使わない野菜ができないかと思った時に、亡くなった祖父が思い浮かびました。祖父は農薬を使わない日本の伝統的な農法をやっていて、ちゃんと美味しい野菜をつくっていた。だったら、私もそれができないかと」

こうして秀任さんは会社に勤めながら「兼業農家」を始めた。祖父の農業に関するメモや、残してくれた「種」を用いて試行錯誤を繰り返して、生み出したのが「日の本壱萬年農法」だという。

メーカーがつくった種ではなく日本古来の「固定種」にこだわる

しかも、秀任さんがこだわっているのは「無農薬」だけではない。試行錯誤の過程で秀任さんは「固定種」の野菜づくりに専念するようになるのだ。

実は今、スーパーで並んでいる野菜の多くは、世界的な「種」のメーカーが人工的に生み出した「F1種」と呼ばれるものだ。ホームセンターなどで家庭菜園用に売っているのはほとんどがこれだ。では、この「F1種」が開発・流通する前、日本古来の野菜はどうつくられていたのかというと、それぞれの地域、それぞれの農家が代々受け継いできた「種」だ。それが「固定種」である。

秀任さんによれば、固定種の野菜はF1種の野菜よりも栄養価が非常に高いものが数多くあるという。実際に私も農園で、固定種のニンジンを食べてみたが、スーパーで売っているニンジンとは他の野菜かと驚くほど味が違っていた。

このような「固定種」のすごさを知った、秀任さんは日本全国で伝統農法をしている農家を1軒1軒尋ねて回って「固定種」を集めていく。まさに「研究者」らしい地道なフィールドワークだ。そうやって集めた固定種は400種類以上にのぼるという。その固定種を「日の本壱萬年農法」で生産をするようになるのだ。そして2009年には製薬会社を退社して「専業農家」になったという。

さて、このような話を聞くと、「湘南小巻ファーム」の野菜を食べてみたいと思った人も多いのではないか。「無農薬野菜」というのはたまに聞く。しかし、そこに加えて「固定種」というのはかなり珍しい。

ただ、もしかしたら小巻さんの「信仰」を聞くと敬遠をする人も、わずかながらいるかもしれない。中には「そんな人たちがつくった野菜など不安で食べられない」「ここで野菜を買ったらその金が教団に行ってしまう」などと言って、嫌がらせをする人たちもいるかもしれない。

ここまで言えば、もうおわかりだろう。秀任さんは旧統一教会の信者だ。しかも、「2世信者」などではなく、自らの意志で入信をした人物だ。

信者の自宅でもっと個人的なことまで突っ込んで話を聞きたい

鴨野さんの協力もあって、私は那覇家庭教会以外にも全国のいくつかの教会を訪れ、そこで信者のみなさんに集まっていただき、さまざまなお話を聞くことができた。

教会長から信者まで、さまざまな立場の人から話を聞くことができた。考え方も多種多様で、マスコミが報道している「マインドコントロールで操られている人たち」というイメージとギャップのある人々が語る言葉は、本書を執筆するにあたって非常に参考になっている。

しかし、そういう「教会取材」で感じたのは、やはり公の場であるがゆえ、周囲の人々に遠慮、あるいは配慮をして、自分自身のことをそこまであけすけに語る人が少ないということだ。

もちろん、他の信者の前でも自分の考えだけではなく、家庭の事情などをオープンに話をする人もいる。しかし、ほとんどの人は「自分ばかりが話しすぎてはいけない」という日本人らしい控え目さからか、そこまで「自分語り」をしないのだ。

取材対象者がリラックスできる場所で、もっと個人的なことまで突っ込んで話を聞くことはできないか。そこで考えたのが、「自宅訪問」である。自分の家で身内しかいない環境ならば、もっと「本音」を聞き出すことができるのではないか。

鴨野さんに相談をしたところ、やはりほとんどの信者は自宅にメディアの人間がやってくるなどお断りだという。しかし、教団の関連企業で発行している機関紙などに登場をしている人ならば比較的、自分が露出することに抵抗感がないのではないかという。そうして、私の方で機関紙を見て興味をもった人に、自宅でのインタビュー依頼をした。

その中で、何人かの方たちが「自宅取材」の「ＯＫ」を出してくれた。その中の１人が「湘南小巻ファーム」の秀任さんだったのだ。

国から表彰された農家に嫁いだ旧統一教会2世信者

秀任さんの家は昔の「豪農」という感じの立派な古民家だった。中に入ると、この手の古民家には「定番の景色」である鴨居に先祖代々の写真や、いくつかの賞が並んでいた。

その中にあった「内閣総理大臣　佐藤栄作」という文字が目に留まった。「日本国天皇は小巻俊三を勲五等に叙し瑞寶章を授与する」とある。神奈川県の湘南地域の農業発展に長年貢献してきたことが評価されたという。

畳敷の和室の中央にテーブルと椅子がある。そこに秀任さんと向かい合って腰掛けると、妻の里美さんがお茶を持ってきてくれた。里美さんはショートカットで、いつも笑顔を浮かべているような元気な女の人だ。細身ながらすごくバイタリティに溢れていてよく喋る。秀任さんと一緒にこの農園を切り盛りしているというのがひと目でわかった。

「今回、教団の取材をされていろんな信者に会ったと思いますが、おそらく私が一番一般人に近いと思います。というのも、実はまだ私、伝道されて2年なんですよ」

そう言って、秀任さんはちょっとはにかんだ。「無農薬」と「固定種」の農法を探究する研究者のような秀任さんが、一体どこで旧統一教会と接点をもったのかというと、妻の里美さんだ。彼女は「2世信者」なのだ。

2013年に「湘南小巻ファーム」が実習生を迎え入れた。そこでやってきた中に里美さんの弟がいて、それを縁に里美さんとも交流を深めていく。彼女は健康食品販売会社に勤めながら、森の生態系を守るための植林など自然保護活動をしていた。夜中に懐中電灯を持って虫を観察して、無農薬農法を目指す研究者と話が合わないわけがない。

やがて、周囲の働きかけもあって2人は徐々に距離を縮めて、東京ディズニーランドの初デートを経て、2019年の元旦に一緒に初日の出を見た時に「結婚」の意思を確認。2020年10月に祝福を受け、韓総裁に会う機会もあったという。婚姻届を出したのは2021年2月のことだった。

このような経緯だけを文字だけで見ると、「かわいそうに、研究と農業に一筋だった男性が旧統一教会信者の女性にマインドコントロールをされてしまったのか」と感じる人もかなりいるだろう。今の「旧統一教会報道」や教団を追及するジャーナリストや弁護士の主張を信じれば、この教団の信者というのは、金を貢がせるために洗脳された「被害者」だからだ。

ただ、2人と面と向かい合って話を聞いていると正直そのような印象をまったく受けなかった。むしろ、里美さんのように幼い頃から教義を学んできた2世信者の方が冷静で、2年前に出会った秀任さんの方がハマってしまっているような印象なのだ。

「統一原理に納得してしまったのが、悔しくて興味がわいた」

「まだ結婚する前、彼女から〝教会に行きたい〟と言われました。特に驚きませんでした。母も仏教系の有名な宗教団体の信者ですから、宗教に対する偏見とか垣根のようなものがない家なので」

そう言ってあっけらかんと笑った秀任さんだが、教会の礼拝に参加してみて、そこで「統一原理」という言葉に触れて、興味をかき立てられた。研究者として長年抱えてきた「謎」が解けるのではないかと思った。

「研究者として自然を調べれば調べるほど、いろいろなシステムが完璧すぎるという思いが強くなりました。例えば、土の中にいる微生物もすべてつながっていて互いに影響を与え合っている。森の中にある落ち葉や塵ひとつとっても無駄なものはなくて役割があるんです。本当にすべてが完璧すぎて、これは誰かが計算しているとしか思えない。そんな時に、統一原理を聞いてピンときたんです。それで、すぐにこの原理を勉強してみてこの世界の成り立ちのところを読んで〝ああ、これだ〟と納得しました。私の疑問の答えがちゃんと説明されているんですよ」

目をきらきらさせて、そのように熱弁を振るう秀任さんの隣で、里美さんは少し困ったような顔をして言った。

「とにかく彼は、ずっと研究をしてきて野菜と結婚していたような人なんで難しいことを言われても私はよくわからないんです。自然界が説明できるというのは、3とか4とか21の話のこと？」

キリスト教で「3」が神聖な意味をもつ数字とされているように、文鮮明氏が説いた「統一原理」の中でも、さまざまな「神聖な意味をもつ数字」が登場する。その数字が、自然界の謎を探究していた秀任さんにとって目から鱗だったようだ。

「そうなんだよ。私は学生時代から研究者になって、いろんな学説を聞くとまず絶対に疑うんです。破綻した話なら疑問も次から次へと浮かぶ。でも、統一原理の場合は疑問が出ない。納得してしまった。それがすごく悔しくて、逆に興味がわいたんです」

「へえ」と私が驚くのと同じタイミングで、里美さんも「そうなんだ」と驚いている。彼女にしても、夫がここまで旧統一教会の教義に心酔しているというのはかなり意外だったようだ。

「南米を開拓した先輩信者」の話を聞いて信仰心を取り戻す

では、そんな里美さんは「2世信者」としてどんな人生を歩んできたのか。

「メディアに元2世信者の人たちが出ていろいろなことを言っていますが、私も同じです。今までたくさん悩み、疑い、迷ってきました。私の場合、中高生の頃に部活の上下関係に悩んで、自ら教会の中高生部に通うようになりました。20代になると大学でW-CARP Japanに入り卒業後は水産業の会社に入りました。マグロ釣りを熱心にされた文先生の影響を受けたんです。都内で一人暮らしをする中で、社会の影響を受け、（信仰を）疑ってしまった時期もありました。自己啓発本をたくさん読んでビジネスに関心をもったり、中国の法輪功の修行をしたり、他の宗教や団体の方に話を聞いたりと、本当にいろいろなことをやりました。その中では、人生のドン底という思いを経験した時期もありました」

そんなとき、南米パラグアイを開拓した年配の先輩信者たちから話を聞く機会があって、

「地球の裏側の本当に過酷な環境の中で60代とか70代の先輩方が汗を流して頑張っているのに対して、私の悩みはなんてちっぽけなんだろうと思いました」

マスコミではほとんど報じられることがなく、報じられたとしても「南米で土地を買って怪しいビジネスをやろうとしている」という感じだが、実は旧統一教会の日本人信者の中には、南米パラグアイのチャコ地方という見捨てられた荒野を開拓して農業・林業・牧畜・水産などのプロジェクトを進めている人たちがいる。里美さんが言っているのは、その人たちのことだ。

1999年、文鮮明氏と韓鶴子氏は、人類の食糧問題と環境問題解決のために、パンタナール（南米大陸の中央にある世界最大級の熱帯湿地）の中にあるレダという土地を購入して、日本の宣教師を呼んで開拓するように命じた。すると、1カ月ほどで100人くらいの日本人信者がレダにやってきて開拓を始めたという。もちろん、不毛な荒野を開墾するなど想像を絶する過酷な作業だ。しかし、20年を経て今やこの地は牧場や農園ができて、魚の養殖なども行われ、パラグアイ国内でも注目をされているという。

ちなみに、私はこの話を聞くと、1970年代は山と荒れた土地しかなかった韓国の清平

が、今やさまざまな建物や豪華な宮殿が並ぶ「旧統一教会タウン」にまで開発されたことを思い出す。良い悪いは別にして、この凄まじいパワーが「信仰」の力なのだ。

かつてキリスト教の宣教師たちが、祖国を離れてアフリカや極東の日本にまで布教にきたように、旧統一教会信者たちも「信仰」のためならば、すべてを投げうって、山を切り開いて、荒野を開拓していくのだ。しかし、やはりそれは我々のように信仰をもたない者には理解し難い。いくら本人たちが「自分で決めたことで騙されていない」と主張をしても、どうしても「狂信的」とか「洗脳」という言葉が浮かんでしまう人もいるだろう。

これがマスコミや教団を追及する弁護士たちの唱える「マインドコントロール」をめぐる問題の本質ではないか。

「私たちの親には子どもを犠牲にしてもやらなくてはいけないことがあった」

続いて、里美さんに対して、山上徹也被告や「小川さゆり」を名乗る元信者の女性を挙げて、彼らが主張する「2世問題」についてどう考えているのかを聞いてみた。

「実際に私のまわりにも親の信仰に反発してちょっと大変な子たちがやっぱりいますよ。私も教会を疑ったことがあるので気持ちはわからないでもありませんが、やっぱりすごく悲しいですね。当時は世界が冷戦で、日本も共産化される恐れのあった時代で、私たちの親は日本や世界を生かすために今では考えられないような活動をしていた。海外に飛び出した人もいた。そういう親世代の努力や犠牲を理解しないし、感謝もしないというのは信仰の問題以前に、親子関係に問題があると思います」

実はこれまで多くの現役の2世信者たちに話を聞いてきたが、同様の意見は多い。確かに、自分も子どもの時に親から放っておかれたり、欲しいものを買ってもらえなかったりと寂しい思いをした。しかし、それは親たちに「やるべきことがあった」ということが今は理解できる。成長をして、そういう理由がわかって感謝をすれば、親を恨んだり、親を「洗脳」した教団への憎悪などわかないというのだ。

「そしてもうひとつは〝時代〟もあると思います。昔はうちの信者だけではなく、子どもを犠牲にしてでも頑張っていれば、その子どもたちが幸せに過ごせる社会がつくれるというような考え方があって、子どもを放ったらかしにしてもやるべきことをやらなくてはという考えがあったじゃないですか」

これも現役2世信者からよく聞く話だ。確かに、こういう時代背景の問題は旧統一教会信者に限った話ではない。高度経済成長期の親、特に父親などは家庭をかえりみずに毎日残業で休日もゴルフだ接待だというのが「当たり前」だった。今では「ホワイト企業」の代表とされるような大企業でも、人権軽視の上司からのイジメやパワハラが横行して、ミスを背負った自殺や過労死も珍しくなかった。学校や家庭でも、大人の言うことに従わない子どもは殴って更生をさせることも珍しくなかった。誤解を恐れずに言えば、社会全体が「ブラック企業」のような時代だったのである。

そういう時代に旧統一教会でも、現代の常識に照らし合わせれば「ブラック」なことがたくさん行われた。文鮮明氏が掲げた「世界平和」や「神の国の建設」のため、「敬虔な信者」が「モーレツ社員」のように、凄まじいエネルギーで、社会の常識やルールを無視したような献金や伝道に励んだ。その「犠牲」になったのが今、「被害」を訴えている元信者や２世信者ではないかというのだ。

小巻夫婦が「実名」での掲載を決断した理由

おふたりにインタビューを終えて、「では、本にする時は〝神奈川県内で農業をしている信者〟という感じでいいですか？」と確認をすると、意外な返事が返ってきた。

「いえ、実名で大丈夫ですよ」

私は「本当に大丈夫ですか」と念を押した。安倍元首相が山上徹也被告に銃撃されて、山上被告の生育環境が大きく報じられると同情論とともに、旧統一教会が「マインドコントロールで人々を不幸に突き落とす団体」という批判がまき起こったのはご存知の通りだ。教会にはいたずら電話がかかってきて、壁に落書きがされたという被害も報告されている。不安を煽りたくはないが、私は懸念していたことを口にした。

「おふたりが信者とわかると、この農園に嫌がらせをしたり、ネットやSNSで悪口を触れ回ったりするような人もいるかもしれませんよ。世の中にはいろいろな人がいますので」

しかし、2人はしばしば見つめ合った後、笑顔で頷いた。

「夫婦でよく話し合って出した結論です。私たちは何も後ろめたいことはありませんし、つくる野菜にはなんの関係もありません。地域の人たちも野菜を買ってくださるお客さんみんないい人たちですから、きっとわかってもらえます」

「そうですか」と言いながらも、私は心配なことがあった。実はこの「湘南小巻ファーム」はさまざまな地域貢献活動をしている。障害者施設を利用している障害者の方が訪れて野菜を袋につめる就労体験をしたり、地域の小学生などの子どもたちが芋掘りをするようなイベントもしている。そのような活動が、2人の信仰が公になることでできなくなってしまわないだろうか。

自由意志をもつ人を「マインドコントロール」で片付けていいのか

事実、日本中では以下のように旧統一教会の関連団体が市民ボランティアの現場から「追放」されるという動きが活発化している。

「旧統一教会関連団体のボランティア団体登録取り消し」（朝日新聞デジタル23年2月19日）

いくら2人が地域の人々に信頼され、施設や小学校が問題ないと判断をしても、今はどんなことにもクレームを入れる人がいる。「旧統一教会信者のところにうちの子どもを行かせて洗脳されたらどう責任を取るんだ！」とかモンスターペアレンツが学校や保育園に怒鳴り込んできたら、「申し訳ないですが、しばらく中止させてください」というようなことになってしまうかもしれない。

しかし、私がいくらそのような話をしても、2人の意志は変わらなかった。自分たちの信じていることは、何も間違っていないし、世の中に恥じるようなことは何もしていないという自信に満ち溢れた顔をしていた。

そんな2人を見て私は「かっこいいな」と思った。旧統一教会の教義を信じていることは、私的にはまったく理解も共感もできないことではあるが、自分たちが信じていることを貫き通す生き方に、そして社会が何を言おうとも、ぶれることのない信念が、人として素直に尊敬できる、と感じた。

そして、このように自分自身の意志で重大な決断ができるような2人を、「教団にマインドコントロールされている」の一言で片付けていいのかという疑問も強く感じた。

旧統一教会を追及するジャーナリストや弁護士によると、信者は金を集めるために洗脳をされているので、一刻も早く洗脳を解いてあげて救出してやらないといけない。だから、昔は歩いているところを数人で拉致をして、「文鮮明は詐欺師です」と認めるまで監禁をするという荒っぽい手法も正当化されたのだ。

つまり、旧統一教会の信者は教団に操られた「ロボット」のような人だというのが、ジャーナリストや弁護士の考え方なのだ。しかし、秀任さんと里美さんとじっくりと話せば話すほど、彼らは自分の頭でさまざまなことを考えているし、自分の「意志」というものが感じられた。

取材を終えて帰宅してから、私は小巻夫婦からお土産にもらったニンジンを調理して食べた。こんなに新鮮ですごく美味しい野菜をつくるまでの苦労や試行錯誤は並大抵ではない。マインドコントロールされたロボットにこんなことができるのか、という疑問はさらに膨れ上がった。

中部地方の「旧統一教会二世帯住宅」にお邪魔してみた

「イチゴ欲しい？　じゃあどうぞ食べていいよ」

じっと私のショートケーキを見つめている小さな男の子にそう声をかけると、男の子は恥ずかしそうに母親の後ろに隠れてしまった。まだ若いお母さんは、しょうがないわねという顔をして抱っこをした。

「すいません。ほら、あなたのケーキはこっちでしょ。座って食べたら？」と母が促しても、男の子は母にしがみ付いたままだ。まだ、３歳だというので甘えたい時期なのだろう。そんな男の子の素振りを、ダイニングテーブルでお茶をしている祖父と祖母も微笑みながら、目を細めて見つめている。

瀟洒な新築一戸建ての広々としたリビングには、大きな液晶テレビが置かれて、その前には、幼児用の小さなすべり台やオモチャが転がっている。日当たりのいい立地で、窓からは明るい日が差し込んでいた。

この「平和な風景」だけを見れば、日本のどこにでもある「二世帯住宅」だ。しかし、実は彼らはどこにでもいるという人々ではない。この母親も、そして祖父母もみな、いわゆる「合同結婚式」に参加して伴侶と結ばれた人々だ。つまり、ここは旧統一教会信者の「二世帯住宅」なのだ。

この日、私と鴨野さんが訪れたのは、中部地方にいる伊藤たかしさん（仮名）という60代信者の自宅だった。

名古屋からローカル線に揺られることおよそ1時間半のところにある最寄駅まで迎えにきてくれた伊藤さんの第一印象は、「宗教の信者っぽいなあ」というものだった。

いつもニコニコと明るい笑顔が絶えないシニア男性という感じだが、かなり痩せていて無駄な贅肉が一切ない。見るからに「ストイック」という印象だった。そしてこの後、私はこの自分の第一印象が間違っていなかったと確信する。

「拉致監禁」から逃れてタイへ

伊藤さんの運転で車に乗ること15分。瓦屋根の大きな農家がポツポツと並ぶ田園地帯にやってきた。

その中に、古い木造平家の家屋の横に、まだ建てたばかりの白い外壁の二階建てが並んでいた。これが伊藤家だ。ドアを開けると新築の匂いで、廊下も壁もピカピカだった。伊藤さんのタイ人の妻であるノイさん（仮名）、そして、こちらにお嫁にきている伊藤わかこさん（仮名）、そして、わかこさんの3歳の息子が出迎えてくれた。

ノイさんも60代で、眼鏡の奥の優しそうな瞳が印象的な女性で、喋らなければタイ人とはわからない。ただ、日本語はある程度理解できるが、家の中ではタイ語で喋ることが多いこともあって、あまり得意ではないという。

一方、わかこさんはショートカットのスリムな女性で、お子さんが2人いるとは思えないほど若く見えた。神奈川県で育った「2世信者」で、2018年に伊藤さんの長男と合同結婚式によって夫婦となって、すぐにこちらで生活を始めたという。

15畳くらいはあるであろうリビングダイニングに通されると、わかこさんが冷蔵庫から、ケーキの箱を出した。その箱をテーブルで開けると、中にはフルーツがふんだんに使われたケーキが6つほど並んでいる。

「これお口に合うかわかりませんが、このあたりじゃ人気のケーキ屋さんなんです」

私はショートケーキを選んだ。わかこさんがコーヒーや紅茶の用意をしてくれている間に、伊藤さんとノイさんにお話を聞いた。もともと伊藤さんはこの地で生まれ育った。この家の2軒隣が「生家」であり、今も90歳を超えた両親が健在で暮らしているという。

入信したのは大学時代。しかし、両親には猛烈に反対をされて、家族やキリスト教の牧師らにつかまって、改宗をするまでマンションの一室に閉じ込められるいわゆる「拉致監禁」も経験した。そこからどうにか逃れて、教会の協力もあって日本を脱出してタイで生活をするようになったという。

「やはり拉致監禁をされたことで人間不信というか、人間がちょっと苦手になっていましたが、タイの人々はすごく温かくて、徐々に私の心も回復に向かっていきました」

「断絶」していた両親がひ孫に会いにやってくる

その後、合同結婚式でノイさんと一緒になって長男が生まれてもタイで生活を続けていた。このまま日本に戻ることはないのかと思っていた2001年、実家から免許の更新があるので帰国をしたらどうかと連絡があった。そこで生まれたばかりの長男とノイさんを連れて帰国をしたところ、両親はかつてほど強く信仰に反対をしなくなっていた。そこで、実家のすぐそばに亡くなった祖母の家があったので、そこで暮らし始めたという。

長男の後には長女、そして次男も生まれた。３人とも「2世信者」であり長男はわかこさんと合同結婚式で結ばれ、長女も合同結婚式の準備を進めていて、最近になってその敷地内に長男夫婦が新築の家を建てたということのようだ。

「両親は近くに住んでいても前はほとんど交流がありませんでした。でも、この子ができてからはよくこの家にやってきてはお茶を飲んで帰るようになりました」

伊藤さんが嬉しそうに語っているのを、うなずいて聞いていると隣にいた鴨野さんが語り出した。

「マスコミは無視をして扱ってくれませんが、私たちの教団では、伊藤さんのように拉致監禁の被害を受けて、強引に改宗をさせられた人というのがたくさんいらっしゃっていて、監禁被害者は4300人もいます。この拉致監禁が罪深いのは、親子関係が破壊されてしまうんです。子どもからすれば、最も信頼している親から嘘をつかれて誘い出されて監禁をされる。つまり、親から裏切られたという心の傷が残るんです。それでも今このような関係が修復してきたというのは、やはりお孫さんの結婚であったり、ひ孫ができたということで、お父様の心境が変化をしたのかもしれませんね」

確かに、孫やひ孫の存在は大きいかもしれない。ただ、伊藤さんのお話を聞いていると、両親が「息子の信仰」を容認してきたのは「これは無理だ」とあきらめたからではないかという気もしてきた。

というのも、伊藤さんは、これまでいろいろな現役信者のお話を聞いてきた中でも群を抜いて「信仰心が強い」のだ。他の信者が不信心というわけではなくちょっと次元が違う感じだ。浮世離れしているというか、社会の批判などもまったく意に介さず、我が道をゆくという感じなのだ。しかも、驚くほど「ポジティブシンキング」なのだ。

職場で信仰をオープンにしていたので旧統一教会報道で「人気者」に？

そのように最初に感じたのは、伊藤さんに「職場」の話を聞いていた時だ。伊藤さんは日本に戻ってから主に工場勤務を続けてきた。そして、数年前からは介護施設で働いているのだが、これまでの職場ですべて自分は旧統一教会の信者だということを「オープン」にしているという。しかも、今の介護施設ではすべての同僚が、伊藤さんの「信仰」を知っているという。

それを聞いて鴨野さんが心配そうな顔をして「嫌がらせやひどいことを言われたりということはありませんか？」と尋ねると、伊藤さんはニコニコしてこう答えた。

「ないですね。今の職場はすごくまわりもいい人だらけで、安倍元首相の銃撃事件が起きた直後に教団の名前が報道をされた時などは〝大丈夫ですか？〟とか〝嫌がらせとかないですか？〟と心配をしてくれました。それどころか、ワイドショーで韓国のメッコール（旧統一教会の関連企業が製造している大麦を使った清涼飲料水）を紹介したら興味をもってくれて〝飲んでみたい〟という人がいるので、職場に持っていってみなさんに配ったりもしました」

屈託のない笑顔で語る伊藤さんを見ていて、私は軽い衝撃を受けた。安倍元首相銃撃事件以降、山上徹也被告を「悲劇の人」として擁護をするような論調もあった中で、ネットやSNSでは、旧統一教会信者は「反日カルト」「マインドコントロールを受けた頭のおかしな人」として執拗に攻撃をされていた。実際、職場や学校で嫌がらせや誹謗中傷を受けたという被害も報告されている。

にもかかわらず、伊藤さんのまわりではそんなことは「別世界」のように、同僚たちとほのぼのとしたやりとりが行われているというのだ。これには、鴨野さんもちょっと驚いていた。そんな我々の反応を察してくれたのか、わかこさんがコーヒーや紅茶の用意をしながら笑って言った。

「もし仮に何か嫌がらせをされたとしても、お義父さんは気づきませんよ」

つまり、周囲の雑音に惑わされることのないほど、信仰心があるというのだ。これには納得である。もし私が伊藤さんの同僚だったとしたら、ここまで堂々と旧統一教会の信者だと公言している姿を間近で見たら、「ああ、この人はそういう人なんだ、我々とは違う世界を生きている人なんだ」ともはや何も言えない。嫌がらせをするとか陰口を叩くなんてことをしても、この人がそれで揺らぐわけもないので「無駄」だと思う。

かつて「拉致監禁」をしたご両親ももしかしたら、伊藤さんの強い信仰心に、「息子はこういう世界で生きているのだ」とあきらめたのかもしれない。

「マスコミ報道のおかげで興味をもってくれる人が増えてありがたい」

では、そんな信仰心の塊のような伊藤さんは今の旧統一教会報道をどう見ているのか。

人生をかけて信じている教団を「カルト」と攻撃され、信仰心は「マインドコントロール」と揶揄されている。さぞ悔しい思いをしているのではないかと思ったら、耳を疑うような言葉が返ってきた。

「私は今の報道はすごくありがたいんですよ。だって、これまでまったく見向きをされてなかったのに今はテレビが勝手に宣伝をしてくれるじゃないですか」

実はこれまで伊藤さんにはある悩みがあった。この地域で「伝道」(勧誘)をしても誰も耳を傾けてくれないのだ。韓鶴子氏の自叙伝などを持って、家を1軒1軒回ってどうにかしてこの素晴らしい教えを広めたいと思っても「間に合ってます」の一言で相手にもされない。

しかし、安倍元首相が銃撃されるという事件が起きて、いわゆる「旧統一教会報道」が氾濫するようになったことで、伊藤さんに「本当のところはどうなの？」と少なからず興味をもって話を聞きにくる人が現れたという。

「私たちの教団がすごくオープンに語られるようになりましたよね。テレビでは安倍元首相が関連団体にビデオメッセージを送ったとか、韓国にいる真のお母様や聖地の写真もどんどん流れる。これまで私がいくら宣伝をしても興味をもってくれなかったのに今では、私たちの存在を知らない日本人はいないじゃないですか」

確かに「知名度」は抜群に上がった。しかし、マスコミからこれだけバッシングをされて、国から「社会的に問題のある団体」という今の状況は宗教団体としては、信者の勧誘も難しくなるので、あまり良くないのではないか。私がそう述べても、伊藤さんは目をきらきらと輝かせて熱っぽく語った。

「もちろん、そういう部分はありますよ。でも、このマイナスを後は私たちが努力をしてプラスにもっていけばいい。実際、うちの職場の人は、悪い報道があっても一応私の話を聞いてくれるわけです。中には〝昔から合同結婚式に興味がある〟と告白して、私にいろいろと具体的なことを聞いてくれました。私たちの教団にもいいところがいっぱいあるわけで、それさえわかってもらえれば理想世界ができるんじゃないかと思っています」

女性2世信者の「学校を楽しむことができなかった」という告白

そんな伊藤さんの言葉を黙って聞いていたわかこさんが、呆れたような顔をしてつぶやいた。

「そういえば、うちの実家の父も、お義父さんと同じようなことを言ってましたよ。知名度が上がったから後はこれをいい方向にもっていけばいいって。やっぱり1世の人って〝絶対信仰〟なのですごく前向きなんですよ」

わかこさんは、神奈川県内某市で育った「2世信者」だ。ここと異なりかなり都市部なので、教会には信者の数もそれなりにいた。そのため、子どもの時から教会に一緒に通う「2世」の仲間がそれなりにたくさんいたという。

「だから、互いに鼓舞し合うことができたし、いろんな話もできました。今でもみんな仲良くて、すごく絆がある。すごく助けられています。でも、その代わりに学校が辛いんですよね。中学とか高校とか通っても楽しいと思うことはほとんどありませんでした」

2世の仲間のように互いにわかり合える人をつくることが難しいので、同級生たちが楽しいと思うことが楽しめないという孤独を経験したという。また、信仰を続けていくことへの葛藤もあったという。

「中高生の時は2世信者が書き込むようなネットの掲示板とか見ましたし、教団についていろいろと悪いことが書かれているようなサイトも見たことがありますよ。やはり子どもなので弱いので疑ってしまう。それで実際に離れていってしまう2世も見てきましたし、いろいろなところを回って結局また戻ってくる2世も見てきました。2世信者はずっと葛藤があるんですよ、だからいろいろ遠回りをするんです」

そんな「2世の葛藤」を聞くと、やはり気になるのは安倍元首相の事件以降の旧統一教会バッシングの影響だ。しかし、わかこさんの周囲ではそこまで悪い影響は出ていない。むしろ、伊藤さんのように「好機」だと捉えている人も少なくないという。

「私の知り合いで眠っていた（信仰を黙っていた）信者が2人くらい事件後に周囲に言ってますね。また今、好きな人がいて交際をしている2世の友人がいますが、この人も信者だと告白したそうです。悪いことばかりじゃなくて、オープンにするきっかけになっていますよ」

だが、そのように悩み葛藤しながら、親と同じ道を歩んでいる2世信者たちは、元信者や彼らを支える弁護士やジャーナリストからは「マインドコントロールされた被害者」だと言われている。これをどう感じているのか尋ねると、わかこさんは笑いながらこう言った。

「そうですね、ある意味、洗脳のようなものかもしれません。でも、それって悪いことなんですかね？　私たち2世信者の犯罪率なんてゼロというか、世の中の人たちに比べてすごく低いじゃないですか。洗脳で正しく生きられたらいいんじゃないですかね」

「山上徹也被告の気持ちはわかる」という2世信者たち

「2世の葛藤」ということでいえば、やはり山上徹也被告の話題を避けることはできない。わかこさんや夫は彼についてどう考えているのか。私がそう質問をすると、彼女は言葉をひとつひとつ嚙み締めるようにゆっくりと語り始めた。

「お義父さんの前ですが正直に話すと、旦那さんは〝山上徹也被告の気持ちはわかる〟と言ってました。それは私も否定できません。私の家もかなり信仰熱心なので、信仰を強要するようなところがまったくなかったわけではないので」

安倍元首相が銃撃された事件が起きてから、わかこさんと夫は、山上徹也被告という人物について書かれた記事などを読んで、2人でいろんな話をしたという。そこで、2人が最終的に出した見解は、「親の愛が足りていなかったのではないか」ということだった。

「1世信者というのは自分で苦労をして信仰を摑んだ人たちなので『信仰第一』なんですよ。でも、私たちはそういうものがないのでとにかくまずは親から愛されたいという『愛情第一』なんです。だから、信仰第一の親に放っておかれたと思ってしまった2世はすごく傷付く。そこですべてが親や教団への恨みに思ってしまうんじゃないですか」

わかこさんの話に、伊藤さんは厳しい顔をして黙って耳を傾けていた。自分が育てた長男が、教団を憎み、教団を破壊するために殺人を犯した男の気持ちがわかると言っていたと聞くと、さすがのポジティブシンキングの伊藤さんも思うところがあるようだ。その空気を察して、わかこさんがフォローを入れる。

「でも、この家はすごく不思議なんですよ。旦那さんも正直、お義父さんとお義母さんには不満はめちゃくちゃあるんですよ。小さい時に外食に連れていってくれなかったとか、欲しいものを買ってくれなかったとか。でも、信仰に関してはまったくブレていないんですよ。やっぱりそれって、お義父さんとお義母さんが信仰に関しては迷いがなかったからでしょうね。親が迷えばやっぱり子どもも迷うんですよ」

義理の娘からそう評価されて、伊藤さんの表情が柔らかく明るくなった。そして、自分自身の「子育て」についてこう振り返った。

「やっぱり、小さい時というのは（信仰を）強要してしまうところもあるじゃないですか。でも、そうするとすごく反発もする。それしか方法がないのでやってしまうんですけど、ある時から考えを切り替えて、もうやれるところまででいいかなという感じになりました。それがかえって子どもたちに良かったんじゃないですかね」

「収入の3分の1」を献金する敬虔な信者は教団内でも珍しい

その後、ノイさんのお話を聞いた。彼女は定期的にタイへ渡って、地方の村などで伝道活動をしているそうで、最近は少しずつだが信者も増えてきて手応えを感じているという。

また、タイでアクセサリー屋を経営しているお母さんは、旧統一教会の教えに理解があることに加えて、韓国の文化も気に入って、韓国ブランドやメイド・イン・コリアの電化製品なども購入しているという。韓国で感じたことだが、日本では非常に危険で反社会的な「カルト」と叩かれているのに、海外では「数多《あまた》とある新興宗教のひとつ」という認識に過ぎないということをあらためて感じた。

そんな風にいろいろな話をしているうちに、私に対して警戒心を抱かなくなってきたのか、わかこさんが冗談まじりではあるが、義父に対する「本音」を赤裸々に語ってくれた。

「でも、ひどいんですよ。お義父さんは。さっきは子どもに対して〝やれるところまででいいかいう感じになった〟とか言ってたじゃないですか、ぜんぜん嘘ですよ。うちの旦那さんに対して、もっと献金をするように言うのなんかかなり厳しいんです。うちもまだ子ども小さいですし、この家のローンもありますからね。でも、お義父さんは本当に絶対信仰なんで、とにかくたくさん献金するのが当たり前という感じですよ」

わかこさんは笑っていたが、義父のあまりの信仰心の強さに困っているという雰囲気が全面に出ていた。しかし、伊藤さんは、そんな嫁のオーラにまったく意に介した様子はなく淡々とした表情で語り始めた。

「確かに、自分から見たら〝ここまで頑張って欲しい〟っていうところがありますから、つい息子たちに対していろいろと言いすぎてしまうところもあるのかもしれません。そういうところは、やっぱり親子の間で難しいとこだと思いますね」

新築マイホームを建てたファミリーがここまで嫌がるというのは、伊藤さんはどれくらいの献金をしているのか。質問をしたところ、伊藤さんは「10分の3を目指しています」と答えた。

それを聞いて、横にいた鴨野さんが驚いて「え？　本当に10分の3ですか」と聞き返した。伊藤さんが頷くと「これはすごい人ですね」と感心をして、私に信者の「献金事情」を解説した。

「キリスト教では昔から収入の10分の1を神様の教会に献金しなさいという伝統的な教えがありまして、うちの教団でもそうなっています。でもね、実はこの教えを守っている人というのはうちの教会でも大変真面目で優秀な信徒という扱いですね」

「収入の10分の1を献金」もクリアできない信者も大勢

「高額献金」「霊感商法」という言葉が世間で飛び交っているので、世間では旧統一教会の信者はみんな家計をかえりみることなくとにかく私財を投げ打って極貧生活を送っている、と誤解をしている人も多いが、実は山上徹也被告の母のように破滅的に献金をする人ばかりではなく、収入の10分の1という目標もクリアできていない信者も大勢いるという。

「手取りではなく、給与の額面の10分の1をきちんとやっている人がいたら〝すごいですね〟

と尊敬されます。当然ですよね。給料が額面で30万円だったら毎月3万円を献金されるわけですから、家族を養う場合はかなり大変ですよね。でも、それなのにこの伊藤さんは10分の3だとおっしゃっている。私も長いことこの教会にいますけれど、そんな方にはあまり出会えたことがないですよ」

そんな風に鴨野さんが興奮気味に驚いていると、伊藤さんは少し照れながら「本当は3分の1という意識だったんです。タイにいた時からずっとそうしてきたので」と言った。すると、鴨野さんは前のめりになって、さらに目を丸くした。

「3分の1！　いや、それはすごいですね」

伊藤さんによれば、タイにいる時は収入の3分の1を目指して献金をしていたので、日本に帰ってきてからもその意識が続いているという。しかし、工場勤務や介護の仕事はそれほど高収入ではなく、経済的には厳しい部分があるので10分の3にしているという。

「できてない部分がほとんどなんですけれどね」と謙遜をしながら笑う伊藤さんを、鴨野さんは目を丸くして驚いている。しかし、伊藤さんの隣で、笑っているわかこさんの表情が、どことなく引きつっていたことを私は見逃さなかった。

「お義父さんはノアじいさんですよ、黙々と箱舟をつくっている」

「こういうすごいお義父さんのいる家に嫁いできていかがですか？　とんでもない家にお嫁に来ちゃったなという感じですか？」

そのように私が冗談っぽく質問を投げかけると、わかこさんも笑って答えた。

「やっぱり信仰観のズレのようなことは感じますよ。お義父さんはとにかく感謝をして献金をすればいいって人ですけど、私と旦那さんはまだこれから夫婦で子育てもして、信仰心も育ててる段階なので、そういうところはちょっと……本当にね、お義父さんはノアじいさんですよ、黙々と箱舟をつくっている」

ノア？　ノアの箱舟の人か？　私がピンときていないのを察して、隣で鴨野さんが解説をしてくれた。

「ノアというのは、旧約聖書に出てくるノアの箱舟で知られる人ですね。ご存知のように、ノアは神様から大洪水がくるという啓示を受けて、1人でコツコツと箱舟をつくりますよね。しかも、その箱舟を海岸ではなく山頂に築きました。それは、洪水が大規模なため、神様がそうさせたのです。さらに、その箱舟建造の期間は120年という実に長き期間でした。周囲の人々から気がふれた男と見られ、愚か者扱いされても神様を信じ続けるという信仰心のある人です。そのノアを義理のお父さんに例えるというのは、ある意味で最高の褒め言葉です、そうですよね？」

わかこさんは、「はい、そうですね」と頷きながらも笑いをこらえて何か言いたげである。ただ、そこは長男の嫁である。すぐに義理のお父さんのフォローをしていた。

「でも、なんでも言えるんですよ。お義父さんは本当に優しいし本当に素直な人なんです。ですから私もだいぶワガママを言わせてもらっているので、すごく助かってますよ」

確かに、さっきからわかこさんは伊藤さんに面と向かって「献金」について文句を言っているし、自分たち夫婦と考え方の違いがあることもストレートに伝えている。それを聞いている伊藤さんも特に不快になっているというわけでもなく、ニコニコと微笑みながら聞いている。ある意味で、「信仰」という共通点があるので、世間一般の「舅と嫁」よりも腹を割ってなんでも言い合えているのかもしれないな、と思った。

「マジメすぎる信者」が暴走をした時に起こること

2時間ほどのインタビューを終えて、私たちは伊藤家を後にした。来た時と同じように駅まで伊藤さんに送ってもらった。電車を待っている間、鴨野さんが興奮冷めやらぬ感じで語った。

「いやあ、ああいう人はなかなかいませんよ。窪田さんが会いたいということで取材を申し込んだだけで、どういう方というのは知らなかったんですけれど、すごい人ですよ。10分の3でも驚きますが、10分の3じゃ足りないから、3分の1を目指したいなんて言っている人に正直、私もあまりお会いしたことがないです」

「そうなんですね、すごい人にお話が聞けてよかったです」

そう頷きながら私はここに問題の根幹があるのではないかという気がしていた。つまり、社会で批判されている「高額献金」や「霊感商法」や「マインドコントロール」などは、伊藤さんのような「すごい人」たちの信仰心が暴走をした結果ではないかと感じたのである。

伊藤さんの「3分の1献金したい」という思いは、長男やその嫁が文句を言って断れる。

「お義父さんはちょっと言い方がひどい」とか「そっちは信仰第一で私たちと違う」と思っているごとを告げて、逆らうこともできる。だから、長男もお嫁さんも、自分たちの収入を子育てやローン返済にあてることができる。

しかし、もしかしたらそういうことができない家庭もあるのではないか。

わかりやすく言えば、伊藤さんのように敬虔な信者が、「3分の1献金したい」と言ったら、子どもたちなど家族全員がそれに逆らうことができない家庭だ。これがさまざまな「悲劇」を生むのではないか。

「旧統一教会」には「厳密なガバナンス」を感じない

伊藤さんのように「マジメすぎる信者」は、わかこさんが言っていたように「信仰第一」なので、たくさん献金をするのは当たり前だ。諫める人がいなければ当然、家計をかえりみない「高額献金」に走ってしまう。また、家族など身近な人にも自分と同じ水準の献身ぶりを勧めるので、場合によってはそれが「霊感商法」と呼ばれるようなトラブルを引き起こす恐れもある。

そして、「マジメすぎる信者」の敬虔ぶりというのは、他の信者が驚くほどなので、一般人や信仰を失った「元信者」などから見れば完全に狂っているようにしか見えない。つまり、「マインドコントロールされている」と思われてしまうのだ。

教団を追及するジャーナリストや弁護士、そして元信者によれば、「高額献金」や「霊感商法」はすべて教団の指示において行われ、これらを実行するために「マインドコントロール」という手法が使われているという。

だが、果たして本当にそうなのか。これまで多くの現役信者に話を聞いてきたが、みんな好き勝手にいろんな話をして、マインドコントロールで操られているという印象を受けなかった。教会の中に入ってみても、末端の信者まで指示や命令が行き届いているように見えなかった。

よく言えば、自由。悪く言えば、組織として統率されていない、厳しいガバナンスがあるように思えない。

しかし、世間的には「高額献金や霊感商法が組織的に行われている団体」と見えている。この表面的なイメージと「実像」のギャップがなぜ生じるのか。これがずっと私の中で疑問として残っていた。

しかし、この日、伊藤さんに会って話を聞いてなんとなく見えてきた。一般信者が驚くほど、畏敬の念を抱くほどの「マジメすぎる信者」というのは極端な話、「神様」しか見ていないので、浮世のことなどにとらわれない。だから、時に社会の常識やルールを大きく逸脱してしまうような「暴走」をしてしまうのではないか。

旧統一教会信者は「現代のノア」

この構造は、まさしく「ノア」がわかりやすい。

「大洪水がくる」という神様の言葉を信じ箱舟をひとりで黙々とつくる、というのは宗教的エピソードとしては何も間違っていない。信者の鑑だ。しかし、もし現代社会でそれをやられたら、社会常識を大きく逸脱した「暴走」である。

箱舟をつくっている間は収入ゼロなので、家族は貧しい暮らしを余儀なくされる。そして、「大洪水がくる」とワケのわからないことを言って、痩せほそりながら重労働に没頭するノアや、ノアを信じる家族を見て、社会の人々はこう言うはずだ。

「マインドコントロールされて騙されている」

しかし、ノアからすればこれは「信仰」だ。誰かに騙されているものではなく、あくまで自分の自由意志でそれをやっている。そこで問題は「ノアの家族はどうか？」ということである。

ノアは自分自身の「信念」でやっているので、どれほど貧しくなろうとも満足だ。しかし、ノアの家族は別に神様から直接啓示を受けたわけではないので、ノアを信じるしかない。だから、信じられなくなったら「悲劇」だ。自分の親がある日、突然ワケのわからないことを口にして収入ゼロで箱舟づくりに没頭をする。子どもたちは飢えとネグレクトで心に傷を負う。まさしく、山上徹也被告が訴えているような「悲惨な幼少時代」になるので、ノアを恨むだろう。そして、ノアをそそのかした「神様」への憎みが膨らんでしまうだろう。そういう意味では、旧統一教会の信者は「現代のノア」なのかもしれない。

ローカル線で名古屋駅まで向かう帰路、私の頭の中では、わかこさんが最後に言った「お義父さんはノアじいさんですよ」という言葉がずっとぐるぐると回っていた。

宗教の信者としては、「ノアじいさん」になることは正しい。俗世間の雑音に惑わされず、神様の言葉をひたすら信じる。しかし、この社会の中で生きる市民として「ノアじいさん」になると、周囲とさまざまなトラブルが起きてしまう。浮世離れした金銭感覚や、理想とする献金のレベル、伝道へかける熱意などが、時に家族や知人によく思われないこともあるのだ。

この「信仰」と「現実社会」のバランスをどうとっていくのかということこそが、旧統一教会がこれから考えなくてはいけないことなのではないのか。

この悩ましい問題について、教団の幹部はどう思っているのか、ぜひとも聞いてみたいと思った。

第7章

教団トップ・田中会長を直撃

日本に5つあった「地区」のトップ経験もある人物にインタビュー

2023年11月現在、日本全国に旧統一教会の教会は283カ所ある。

それらを統括しているのは、東京渋谷・松濤にある「世界平和統一家庭連合本部」だ。この下に283の教会が並列にあるという形のいわゆる「フラット型の組織」だ。

しかし、ちょっと前は違っていて、大企業などであるように「エリア別」に運営をされていた。5つの「地区」に分けて、そこからさらに細分化した67の「教区」で分けて個々の教会の管理をしていた。いわゆるピラミッド型組織だったのだが、それが今年になってから「組織改編」があった。

今回、私はそんなピラミット型組織の時代に「地区」のトップを務めた経験のある石原さん（仮名）という「教団幹部」に話を聞くことができた。

石原さんは、ラグビーや格闘技でもやっていたのかというほどがっちりとした体格ながら威圧感がない親しみやすい感じの人で、笑顔が印象的な紳士だった。

挨拶も早々に私は、山上徹也被告の事件以降、高額献金や2世問題が注目を集めて、教団に対しての批判が高まっている現状について、幹部としてどう受け止めているのかを聞いてみた。石原さんはしばらく考えて、ゆっくりと語り始めた。

「もちろん、我々にも反省すべき点はあります。事件を起こした山上徹也被告の家庭のように、問題を抱える家庭に教会がちゃんと寄り添うことができていたのかというとやはり十分にできていなかったと言わざるを得ません。そこで教団としても今、信者の家庭の経済的なことはもちろん、心の面でもちゃんと見ていこうと信者の家庭を1軒1軒回って、現場の責任者が各家庭の実情を把握しようと努めています」

献金返還請求交渉に…

一連の「教団改革」の取り組みや手応えについて一通り語った石原さんは一息ついて、「しかしながら」と言って話を続けた。

「そういう問題のあるケースがすべてじゃないということは、ぜひ知っていただきたいですね。確かに、山上家のような家庭があったのは事実ですが、あのような家庭じゃない幸せな家庭がほとんどなんです。でも、マスコミやいわゆる左翼系の弁護士さんたちはわずかな事象だけを取り上げて、あたかもそれが全体のことのように触れ回っている。それは断じて違うということは言っておきたいです」

なぜ石原さんがこのような話をしてきたのかというと、教団幹部として、マスコミや弁護士の「暴走」ともいうべき目にあまる行動の情報が届いているからだという。

そのわかりやすい例が、「集団交渉」だ。今、全国統一教会被害対策弁護団は、教団に対し「違法な勧誘によって献金させられた」などと訴える元信者を複数集めて、これまで払った献金などを返金するよう求める集団交渉を行っている。石原さんによれば、その「被害者」の集め方にかなり問題があるという。

「ある教会に通う高齢の信者さんから伺ったお話ですが、この人は銀行に通帳を忘れたりするので、住んでいる地域の包括支援センターの人に預かってもらっていたそうです。すると、ある日、突然、たくさんの男の人が自宅に乗り込んできて〝献金を取り戻しましょう〟〝みんなやっています〟と説得されて、集団交渉の同意書にサインをさせられたそうです。包括支援センターの職員が自宅にやってきた時に、真のお父様や真のお母様の写真や祭壇を見て全国弁連（全国霊感商法対策弁護士連絡会）に連絡したみたいなんです。これじゃ〝被害者〟を自分たちでつくってるようなものじゃないですか、そもそも相談もしていないのに勝手に弁護士に連絡をするなんて犯罪じゃないんですか？」

旧統一教会に嫌がらせをする「正義の人々」

この話が事実なら、かなり問題だ。ご存知のように、「包括支援センター」は介護・医療・保健・福祉などさまざまな側面から、高齢者を支える「総合相談窓口」だ。だから、高齢者から「詐欺被害にあっています」と相談を受ければ当然、警察に通報もする。

しかし、石原さんのお話が事実なら、誰も「被害」を訴えていない。にもかかわらず、通報をしたのはやはりマスコミ報道のせいだろう。山上徹也被告の事件があってから、教団を追及するジャーナリストや弁護士が連日のように登場をした「悪の詐欺集団」と言わんばかりに叩きまくった。

それを鵜呑みにした人が、自宅に文鮮明氏の写真や祭壇のある高齢者を見かけて、「正義」の心が抑え切れなくなってしまったのかもしれない。「正義」のためには「個人情報」とか「守秘義務」というルールなどちっぽけなことなのだろう。

そういうマスコミ報道がつくり出す「正義の暴走」についても、石原さんは教団幹部としてこの1年半たくさん見てきたという。

「教会から出てきた信者に罵声を浴びせたり、教会の壁に落書きをしたり、教会の前の花壇を荒らしたりという被害が複数報告されています。そこで、地域の警察も〝何かあったらすぐに連絡してください〟と言ってくれていますので、私たちも被害があるたびに相談をしています。その中で器物損壊のようなことは監視カメラとかありますのですぐに犯人はわかるんですね。だいたい未成年の少年ですよ。でも、そこで驚くのはこの本人がまったく反省しないことです。親御さんは〝勘弁してください〟と平謝りなんですが、当の本人は謝りません。メディアで語られることがすべて真実だと思っているので、私たちは〝悪〟でどんな酷いことをしてもいいと思っているんでしょうね」

本部が283の教会を管理することは可能か?

その一方で、勇気付けられる声も届いているという。事件以降も信者たちは伝道を続けている。家を回っていくと、「霊感商法で問題になっているところが何しにやってきた!」と厳しい言葉を投げかけてくる人も多くいた。しかし、ちょっとでも教会の活動や、信者と親交のあるような人々の場合、「あなたたちも大変ね、頑張ってね」と声をかけてくれることが圧倒的に多かったというのだ。

つまり、「旧統一教会」というものをメディアやジャーナリスト・弁護士らの説明でしか知らない人たちは「逮捕されていない犯罪者」のように攻撃をしてくるが、人間関係の中で「生身の旧統一教会信者」と触れ合っている人の態度は、あの事件の後でも変わらないことがわかったという。このような話は、これまでの取材でもさまざまな教会や信者からも聞かれた。「旧統一教会信者は日本を蝕むカルト」と考える人からすればにわかに信じられないだろうが、国家やメディアからこれだけ批判されても、旧統一教会信者を「善き隣人」として人間同士の付き合いをしている人がそれなりにいるのだ。

最後に私は石原さんに、今回の「組織改編」について幹部としては率直にどう感じるのかを聞いてみた。

今回の「組織改編」は韓国にいる韓鶴子総裁が世界に推奨したことから始まった。日本もその意を受けて着手した。信者からすれば従うのは当然だ。ただ、少し前に会社組織を「フラット化」する動きが流行するが、あまりいい結果を招いていない。「上」の命令には絶対服従、年功序列というような日本の組織文化になじまず機能をしないのだ。ということは、旧統一教会の「フラット化」もなかなか困難な道のりではないか。

「確かに本部で283の教会をすべて見ろというのは、あなたの言うように組織運営としてかなり乱暴な印象を受けるでしょうね。本部だけで全国の教会で起きた細かい出来事をすべて把握するというのは難しい。そこでわかりやすいのは、田中（富廣）会長が記者会見などでおっしゃった〝2009年のコンプライアンス宣言以降は霊感商法はない〟という発言が叩かれたことです」

韓鶴子総裁が幹部を「現場」に戻した「狙い」

山上徹也被告の事件が起きた後、教団は記者会見を開いてこのような主張をした。しかし、教団を追及する弁護士やジャーナリストが、2009年以降にも脱会をした元信者らがさまざまな献金トラブルを訴えていると「反論」を展開した。これによって「教団は嘘をついている」という印象が広まってしまった。

「田中会長はあくまで本部として把握をしているものでは（霊感商法は）ないと言っただけなんですね。北は北海道から南は沖縄まであって、中には小さな教会もあって、そこではすごく個人的なやりとりがされている。しかも、信仰をやめた人たちの主張もさまざまです。それを本部がすべてを把握するのは非常に難しい。しかも、09年にコンプライアンス宣言をしても、過去から引き継いでいるようなトラブルもあるわけです。結局あの時はそういう重箱の隅をつつかれてしまった」

では、そんな危険がさらに高まる恐れのある「組織フラット化」を、なぜ韓鶴子総裁は推奨したのか。石原さんの推測では、韓総裁は幹部信者たちを「現場」に戻すことによって、それぞれの教会を活性化させたいという狙いがあるのではないかという。幹部信者たちが率先して「手本」を示すことで、それぞれの教会のガバナンスを強めようというのだ。

「もちろん、まだ新しい体制ですからいろいろな不備も出てくるかもしれません。その場合は我々から、お母様にそれを報告して、さらにいい形へと変えていく。これで完璧な形というわけではなく、そういう試行錯誤を繰り返しながら理想的な組織をつくっていけばいいと我々は考えています。今回の事件で、私たちの教団にはさまざまな問題が指摘されています。これは確かにマイナスなことではありますが、実はこれからもっと大きなプラスになっていくために解決をしなければいけない課題を浮き上がらせている側面もあります。これを乗り越えれば、私たちはもっといい団体になれると私は信じています」

石原さんの話を聞いてみると、教会自身としても、「信仰の現場」で起きていることを把握できていないという「現状」を認識して、各家庭の事情をもっとしっかりとサポートすべきという「課題」があることを感じているということはよくわかった。

では、この「課題」を踏まえて、教会はどう生まれ変わっていこうと考えているのか。その具体的な方向性や手法について、次は教団を率いる「トップ」に話を聞いていこう。

物々しい雰囲気が漂う「教団本部」で会長にインタビュー

東京・渋谷。2023年1月に55年の歴史に幕を下ろした「東急百貨店本店」の跡地を左手に見ながらNHKの方向へ向かうと左手に、1年半前からニュースやワイドショーで数え切れないほど紹介されたクリーム色の外壁の建物が見えてくる。「世界平和統一家庭連合本部」だ。

山上徹也被告の事件後、建物の前にはメディアの記者やテレビカメラを担いだ人たちが長く張り付いていた。それらの数が減ると、建物の前には街宣車が停車して「日本から出ていけ」という演説がされるようになった。警察官の見回りもされるなど物々しい雰囲気があった。

2023年7月、そんな本部建物の4階にある会議室に私はいた。田中富廣会長にインタビューをするためだ。これまで取材をしてきて私が感じたこと、さらに浮かんだ疑問を「組織の長」に直接投げかけてみたいと思ったのだ。

しばらくすると会議室のドアが開いて、白髪交じりの髪をきっちりと横分けにして、眼鏡をかけてスーツをピシッと着こなした男性が入ってきた。田中富廣会長である。

「どうも、こんにちは。お待たせしました。ネットであなたの記事は読んでいますよ」

そう言って名刺交換をすると、私は田中会長にインタビューを受けてくれたことと、これまでの取材協力のお礼を述べた。実は日本のメディアが立ち入ることを許されない韓国・清平の「聖地」の取材許可が下りたのは、田中会長がかなり口添えをしてくれたからだったのだ。

教団トップの素顔

「そうそう、清平はどうでしたか？　ちゃんと取材をさせてもらいましたか？　韓国の方も厳しくて日本のマスコミとかはすごく嫌がるんでしょうがないですよね。あと、韓国の信者はすごく個性的な人が多かったから、いろいろ面白い話も聞けたんじゃないですか？」

穏やかな笑顔を浮かべながら、流れるように喋る田中会長と雑談しながら私はちょっと戸惑っていた。会う前に抱いていた「旧統一教会の日本人トップ」というイメージとかなり違っていたからだ。

テレビで放映された教団の記者会見に登壇した田中会長のビジュアルや、淡々と事実関係を説明する姿から、失礼ながら私は勝手に「堅物」というイメージを抱いていた。立場が上の人になるほど信仰心が強く、巨大な組織をまとめるという重責も担っているので、あまり冗談など言わない寡黙な人かと勝手に予想していたのだ。

しかし、目の前にいる会長はとにかく明るいキャラクターで、初対面の相手にもフレンドリーで、よく喋るし冗談も飛び出す。大変無礼なものの言い方をしてしまうと、親戚の集まりとかで見かける、その辺にいる「話の面白い普通のおじさん」なのだ。

そのギャップに戸惑うと同時に、「もったいないな」とも思った。

大半の日本人は「旧統一教会の信者」をテレビ報道や、ジャーナリストや弁護士、「元信者」たちの説明でしか知らない。そのため、「教祖に洗脳されて、目も虚ろでブツブツと教義を唱えて大金を貢ぐような危ない人」と考えている。ドラマや漫画に登場するあまりにベタな「カルト宗教信者」のイメージを抱いているのだ。

しかし、私がこれまで会ってきた信者はみな「普通の人」だった。信仰について語り出さなければ、旧統一教会信者だなんてことがわからない、その辺にいる普通の若者、普通のおじさんおばさんだ。そして、田中会長もそうだ。

この田中会長の「素」のキャラクターがもっと広まれば、教団のイメージも変わっていたかもしれない。記者会見で厳しい表情をして教団の正当性を訴える姿ではなく、今、私の目の前でリラックスして気軽におしゃべりをしているような「普通のおじさん」の姿を見れば、「この人たちってそんなに危ない連中なの?」「洗脳されているってわりに普通のこと話しているな」と報道に疑問を抱く人もいたのではないか。

「献金ルール」を徹底しているか 教会に「査察」も入れる

そんなことを思いながら、私はさっそく田中会長に今年7月現在の「教団改革」の進捗具合について質問をした。

「今、我々が進めている改革はざっくりと大きく分けると2つあります。まずは、メディアで指摘されている献金の問題、そして教会の文化です。その中でまず献金についてお話をするとこれは劇的に変わりました」

まず、「献金の受け取り方」のルールをもうけてそれを徹底しているという。献金額が「10万円」を超える場合は必ず本人のサインを入れた確認書を取って絶対に領収書を出す。そして、このお金がどこから出たお金なのかもしっかりとチェックすることにした。つまり、家計や子どもの食費などを切りつめた献金ではないのかということを、教会側がちゃんと確認して、「信者自身のお金」じゃない限りは受け取られないようにしたという。

「これにはちゃんと漏れがないように〝抜き打ちで査察もします〟と全国の教会に通達しています。教会改革推進チームが定期的に教会に調査に入ってこのルールを徹底させます。やりすぎという声もありましたが、短期間で新しいルールを定着させるにはそれくらいのことが必要ですよ。あと、領収書に関しては、やはり本人が信仰を失った時に互いにその方がいいということです」

実は今、問題になっているのは「元信者」の被害額がよくわからないことだ。お葬式でお布施をもらったお坊さんが領収書を出さないように、手渡しの献金は双方が明確に記録を残さない。そのため「払った、払わない」という記憶のみで話が進み、それがトラブルの遠因にもなっている。領収書はそれを回避するためだ。

「ここまで厳しくやっているので今、現場はすごく慎重です。例えば、やはり献金は個人の信仰ですので当然、500万とか1000万を捧げる方もいます。土地を売ったのでその10%を寄付しますという信者もいらっしゃいます。これまではそういう申し出があると教会側は〝ありがとうございます〟と言っていただいていましたが、今は〝そんな大金、困ります〟という感じです。もしそれがトラブルになったら教団全体に迷惑になると萎縮をしているんですね。でも、やはり今は社会が厳しい目で私たちを見ていますから萎縮するくらいでちょうどいいと私は思っています」

このような取り組みを2022年11月から教育研修で徹底をさせているという。田中会長自ら現場に行って指導をすることもあるなど、組織をあげて取り組んでいる、と胸を張っている。

「今、弁護士やジャーナリストのみなさんが問題視しているのは過去の事例がほとんどです。昨年の事件以降に関しては、彼らに何を言われても、自信をもって〝大丈夫です〟と反論できますよ」

67人いる教区長の中で20人を「2世信者」で大抜擢！

そのような「献金ルール」に関する改革については会長は自信満々で語っていた。しかし、話題がもうひとつの改革の柱である「教会の文化」に及ぶと、会長自身がややトーンダウンをした。

「正直なところ、私はこれを変えていくには10年はかかると思っています。文化というものはこれまでの歴史で出来上がったもので、そう簡単に変えられません。でも、この難しい改革を進めていくための希望も生まれています。それは2世信者です」

田中会長によれば今、教団の危機に2世信者たちが「自分たちがどうにかしなくては」と立ち上がって、これまで以上に教団運営や教会に積極的に参加してくれるようになったという。山上徹也被告や「小川さゆり」を名乗る元信者が注目を集めたことで、「彼らのような2世だけではない」と自分たちで進んで、メディア報道に端を発した人権侵害に苦言を呈するイベント「信者の人権を守る二世の会」などを開催するなど、一部の2世信者が「実名・顔出し」で反論をするようにもなったという。

実はこのような動きを後押ししたのは、田中会長の「英断」だ。教団改革の一環として、全国に67人いる教区長のうち20人の2世信者を教区長として抜擢したのである。これまで教区長は教団職員として実績のある人々が担ってきた。それを飛び越えて自分たちの子どものような2世たちを教区長にしたのだ。

「これはある意味で冒険でしたが、これによって2世信者たちの意識が変わって、教会も劇的に変わってきています。例えば、これまではやはり教会長の部屋に入る時は、背筋を伸ばして緊張をしてドアをノックするという感じで、教会内にはすごく上の者に対して気を遣う部分があった。宗教というのは〝天の声を聞く〟というところなので、どの宗教もこういう重苦しい雰囲気になってしまう。でも、2世信者たちが積極的に関わるようになってからは、教会長の部屋にも『どうも、います?』なんて感じで気軽に入れる。敷居が下がったんです。また、事件以降、公職者（教団職員）を希望する2世が増えているんです。これは私も予想をしていなかったことで本当に驚いていています」

「2世を会長にしたい、私は今でもそう思ってる」

田中会長の話を聞いていると、「2世信者」という次世代の力をもってして、この教団を新しく生まれ変わらせようという思いがあるということは強く感じた。

しかし、ならば「対外的」にもっと打ち出したらどうか。現在、マスコミが「旧統一教会報道」をする際に、「教団の顔」として登場をするのは、田中会長、勅使河原秀行・教会改革推進本部長だ。おふたりとも今回の事件前から要職に就かれていたということもあって、「若返り」「生まれ変わり」というイメージはない。それを指摘すると、田中会長は我が意を得たりというような顔で大きく頷いた。

「窪田さんの言う通りです。ですから、実はこれまでマスコミなどには話してないんですが、実はあの事件の後、私は2世信者を会長にすべきだと考えていたんです」

私からすれば、「衝撃の告白」である。「教団の顔」として公の場で批判を浴びながら田中会長が、そんな「サプライズ人事」を考えていたのは、やはり熾烈な「旧統一教会バッシング」があるという。

「山上徹也被告という人が犯人で、お母さんが信者だとわかった時に、私はこれはすぐに2世の問題が批判されると思いました。そして実際にそうなった。そういう批判を受ける団体が、世の中に対して生まれ変わりますということを示すには、私が会長を辞めて、新たに2世信者が会長になるというのが最もわかりやすいでしょ？」

しかし、結局、この「構想」が実現されることはなかった。教団本部で開催された役員会で、田中会長が2世信者を会長にすべきではないかと提案したところ、なんと会長以外の全員が反対をしたという。

確かに冷静に考えると、無理もない反応だ。「不祥事企業」などで想像していただきたいが、会社の存続がかかるような窮地で、30代の平社員をトップに据えて、社内のコンセンサスが取れるだろうか。40～60代のベテラン社員は「なんであんな若造に使われなくちゃいけないんだ」と不満を抱く。全社一丸になって問題解決に当たらないといけないところで空中分解をする恐れがある。つまり、あまりにドラスティックな世代交代は、マスコミや世論は「若返り」「若い力で改革」なんて少しは好意的に受け取るかもしれないが、組織を内部から崩壊させてしまう危険性があるのだ。

「みなさん、私に批判を一身に受けろということなんでしょう」と冗談を言った後、田中会長はすぐに真剣な表情に戻って、私の目を見据えてこう言った。

「でも、今でも私は2世に会長をやらせるべきだと思っています。この教団の未来をどうするのか考えた時、やはり2世たちが中心になって進めていくべきなんです」

全国弁連の「メディアコントロール」は見事としか言いようがない

次に私はいわゆる「旧統一教会報道」をどう受け止めているのか知りたくなった。この1年のマスコミには、教団をかねてから追及していたジャーナリストや弁護士らが「専門家」として引っ張りだこだった。彼らは旧統一教会というのは反日教義をもつカルト教団で、日本の信者というのは、韓鶴子総裁などが贅沢な暮らしをするための金をせっせと貢ぐよう洗脳された「哀れな被害者」だと主張している。

このような主張をどう感じるか尋ねると、田中会長は「すごいですよね。彼らに言わせると私も洗脳の被害者らしいですから」と苦笑いをして、こんな考えを述べた。

「でも、実は私は全国弁連のメディアを動かすセンスはすごいと思いますよ。あの事件が起きるまで彼らは霊感商法や高額献金などを批判していて私たちを〝反共思想〟の団体だと叩いていた。それがあの山上徹也という人物が安倍元首相を殺害した事件をきっかけに、我々が長く自民党を裏で操ってきた反日団体というストーリーが出来上がって、それを一気にメディアで広めた。その結果、最終的に国民の7割が我々の解散命令請求に賛成しているという世論をつくり上げたわけですから、見事としか言いようがありません。それに対して我々には正直、なんのPR戦略もなかった。というより教団が何か見解を出しても、マスコミは取り上げないか、否定的に報じるだけでした」

つまり、マスコミからのバッシングに対して「なす術なし」だったというのだ。一方的にサンドバッグ状態だったので「被害」も甚大だった。教団本部への悪戯電話や脅迫状が多く寄せられ、長年付き合いのあった業者から「取引停止」を言い渡されたこともあったという。
「私たちは教会なので、祭壇に供えるお花や果物が必要で本部は何十年も仕入れていたお花屋さんと果物屋さんがあったんですが、どちらも売ってくれなくなりました。ただ、そういうものならばまだましで、報道に感化された人による深刻な人権侵害も報告されています。例えば、ある女性信者の方は、テレビを見て影響をされた家族が〝これまで献金した金を取り戻してこい〟と激昂して刃物を持ち出してきたということで、警察に逃げ込んで保護をされました。また、マスコミ報道を苦にした信者が自殺をしたというケースも確認しています」

では、このような報道を受けて「もう信じられない」と教団から離れた人は結構いるのか。田中会長によれば事件から今年7月という1年間で退会処理をしたのは97人だという。例年も高齢や経済的な理由で退会をしていく人が一定数いるので、これはほとんど離れていない数字だという。

「30年ほど前もマスコミで統一教会バッシングがありましたが正直、あの時はかなり信仰をやめた人がいました。しかし、今回は前回と違ってほとんどやめていない。むしろ、2世などの結束が強くなっているのが特徴ですね」

田中会長が語る「岸田を呼んで教育しろ」発言の真意

この1年あまりの「旧統一教会報道」に対する不満を伺ったところで、次に「反日団体疑惑」について質問をした。ネットやSNSでは教団のことを「反日カルト」「朝鮮カルト」などと厳しく批判をする人が多い。そういう人たちの怒りに火をつけたのが、韓鶴子総裁が、「岸田を呼び付けて教育を受けさせなさい」と発言をしたことだ。しかし、田中会長はこれも「私たちの教義を知らないがゆえの誤解」だと反論をする。

「私たちの教団の教えでは人類はすべて神様の子どもと考えます。ですから、お母様もあらゆる人を自分の子どものように愛しています。それは私たちだろうが岸田首相だろうが同じです。親は子どもが間違った道にいきそうになったら呼び付けて注意をしますよね。だから、お母様としては息子を呼び付けて注意をするような感覚であのような発言をしたのです」

信仰のない我々からすればなかなか理解できないだろうが、多くの信者が同様の「解釈」をしているのも事実だ。さらに、田中会長は文氏と韓氏の夫妻は、日本を愛していると強調をする。特に文氏は日本統治時代に投獄をされたりしたので本来は日本を恨んでいてもおかしくないのに、日本を素晴らしい国だと褒めて、日本人信者を我が子のように愛しているという。

「まず大前提として私たちの教団の教えとしては、日本と韓国の間にある過去の怨讐を解決するには家族のようになるしかないと考えます。それが韓日・日韓祝福といって両国の信者が国際結婚をするわけです。そう言うとマスコミは日本の女性信者が、韓国人男性のもとに嫁いでお金も貢いでいるというようなことを言いますが、実は日本にも2000人から2500人の韓国女性が嫁いできているわけです。文氏が日本を恨むような思想の持ち主ならこんなことを同胞にやらせますか？」

さらに、ジャーナリストや弁護士らが主張をしている「韓国に金を貢いでいる」というのも実態と異なるという。確かに、日本の教会から韓国本部にお金が送られているのは事実だが、それは韓鶴子氏の豪邸などで使われているわけではなく、世界中の関連団体に送られて平和活動や人道支援に当てられている。「世界本部」が韓国にあるのでそこに一旦集められて世界に割り振りをされているという。そんな説明をして田中会長は笑った。

「うちの教団の中で自分が反日になるってことはあり得ない。むしろ、反韓になる人はいますよ。韓国国内の報道の反日ぶりが行きすぎだと怒っている信者もよくいますから」

「創成期の宗教は社会と異なる価値をもつから意味がある」

インタビューはかなり盛り上がって、田中会長の話を聞くだけではなく、私も取材で感じたことを忌憚なく語らせてもらった。取材というよりも「対話」という印象だ。しかし当初、1時間の約束だったが時間を大幅に過ぎていたので、私は最後に、自分がこれまでの取材で感じた一連の問題の「原因」ではないかということを説明させてもらった。

「ノアじいさん」のように神の言葉を信じる敬虔な信者を目指すというのは、宗教団体としては正しいことだが、あまりにそこへ傾倒しすぎると現実社会との折り合いがつかなくなってしまう。今起きているトラブルの多くはそれが原因であり、そのバランスを取っていくことが、この教団が生き残っていく道なのではないか。

私の言葉に黙って耳を傾け、時折頷いていた田中会長はゆっくりと喋り始める。

「うん、今あなたが言ったように〝信仰〟というものは素晴らしいものなんだけれど、家族に対する悲劇もまたあります。諸刃の剣というか、それが今回は高額献金問題という形で表面化した。ただ、あくまで〝宗教家〟としての表現をさせてもらいますと、宗教というのは社会と異なる価値観だからこそ意味があるんです。今の社会の価値観の中で苦しみを感じていたり、生きる意味を見出せない人が答えを求めてたどり着いたのが宗教です。だから、そこで社会と同じ価値観しかないんだったら、宗教なんて必要ないんですよ。そして、こういう傾向というのは創成期の宗教ならば、どこでもあるものなんです」

確かに一理あると思った。ユダヤ教、イスラム教、キリスト教という3大宗教も創成期は、当時の社会の価値観と大きく逸脱していた。だから、迫害もされたし、弾圧もされた。しかし、社会の価値観と異なることで、その社会の中で苦しむ多くの人々がすがった。

これは新興宗教にもあてはまる。「大本教」は創成期は急速に信者を増やしたことで、国家から危険視されて露骨に潰された過去がある。「創価学会」も同様で、創成期は社会の価値観と衝突をして、初代会長と2代目の会長は投獄されている。戦後も政治に進出した際には非難され、今は蜜月の自民党とも激しく対立をして批判されたし、週刊誌でもボロカスに叩かれていた。「折伏」(しゃくぶく)という相手を論破して信仰を押し付けるという強引な手法も問題になって「怖い宗教」というイメージが広がった。私も子どもの時、幼馴染の家が創価学会で、信仰をやめさせたい親族との凄まじい喧嘩を目の当たりにした。信仰をやめさせるため、親族が仏壇を家の前に放り出すほどの「骨肉の争い」は、トラウマになっている。

「出家」できない代わりに「在家信者」は多額の献金をした

「今残っている新興宗教というのはみんなそうですよね。社会の価値観を超えたものをガーンと打ち立てる時があって、それがその宗教団体を大きく発展させる。それは私たちの教団もそうです。創成期は高額献金どころの話ではなく、私たちは人生を捧げていましたから」

1970年代までの旧統一教会は「出家」するかのように信仰に身を投じる人が続出し、大学や会社を辞めて、家族とも離れて集団生活を送っていた。そして、開拓伝道ということで片道切符で全国津々浦々に赴き、海外宣教のために世界各地に飛んでいった。まさしく「人生を捧げる」という若い信者がたくさんいた。しかし、家族をもっているような人はなかなかそれができない。そこで、自分は人生を捧げることができない代わりにせめて、そんな人たちの伝道や平和活動を支えようということで、「在家信者」は多額の献金をするようになったという。

「こういう創成期があったので今の教団があるというのも事実です。文総裁が今の1世信者たちを率いて、社会の価値観を覆すような道を切り開いたという歴史を否定することはできません。逆に言えば、こういうところがない宗教は滅びてしまうと思っています」

これまで1世信者たちの信仰にかける熱意を直に聞いてきた私からすれば、言っていることは理解できる。高度経済成長期に世界に飛び出したホンダやソニーでも、今の感覚で言えば明らかに狂っているという働き方をさせていた「超ブラック企業」だった。しかし、その限界を超えた働き方が今の発展の礎になっているのも事実だ。

しかし、一方で疑問も浮かんだ。確かに、創成期に「社会の価値観」と衝突しながら組織を発展させた宗教団体は旧統一教会に限らない。しかし、創価学会にしても、幸福の科学にしても、大本教にしても、どこかのタイミングで社会の価値観と折り合いをつけているように見える。

わかりやすいのは創価学会だ。今でも時折、「元信者」の人が内情を告発したりして週刊誌などでネガティブな報道をされるが、旧統一教会ほど叩かれることはなくなっている。そして、旧統一教会よりもはるかに自民党と関係が深く、政策に大きな影響を及ぼしているにもかかわらず、メディアや専門家は「政教分離の原則に違反」とか「ズブズブの関係」などと批判しない。機関紙の「聖教新聞」はテレビCMまで流している。

岸田首相のもの言いを真似れば、創価学会は「社会的な問題が指摘される団体」ではなくなったのである。これらの宗教と、旧統一教会は何が違うのか。いや、これらの宗教がやってきて、旧統一教会がやっていなかったことは何か。

田中会長が悔やむ、「家庭と向き合う」という変革の遅れ

私が質問をすると、田中会長はしばらく考えてから、強い口調でこう言った。

「私たちが反省すべきところは〝家庭と向き合う〟という変革を25年も遅れさせてしまったことです」

1994年、教団がそれまでの〝個人〟で信仰に邁進するスタイルから〝家庭〟単位での信仰生活を重要視するように変わったのは、文鮮明氏が「家庭盟誓」というものを制定したからだ。教団ができてから40年を区切りに実は「統一教会」という教団は劇的な方針転換をしたのである。

それまでの教えは出家して家族を置いてでも、理想の世界をつくるために世界中に飛んでいって開拓伝道をせよという教えだったが、この「家庭盟誓」を境に故郷に帰って「家族」を大切にせよという教えになった。田中会長によれば、「家族や親族以外には伝道してはいけない」ということまで言ったという。

「文総裁は、宗教の時代が終わるのでこれからは〝家庭〟が連合して平和な社会をつくっていくと説きました。そこで名称も統一教会から〝世界平和統一家庭連合〟へと変えて、これまでと違うまったく新しい段階に入りました。こうして、世界各国にいる信者は、これまで家族を置いてでも信仰の道を突き進んでいたところようやく自分の家族と向き合うようになりました。しかし、その変革が日本では遅れてしまった。それが悔やまれるところです」

なぜできなかったのか。信者からすれば文鮮明氏の言葉は素直に従うはずだ。「これからは家族を愛せ」と言われたら、これまでと同じような熱意をもって取り組むはずではないか。そのように疑問を投げかけると、田中会長は静かに言った。

「こんなことを言うと、また社会から批判をされてしまうでしょうが、私は教団の名称を変えられなかったということも無関係ではないと思っています」

もっと早く名前が変わっていたら事件は起こらなかった

1994年の大きな方針転換を受けて、97年に「統一教会」は「世界平和統一家庭連合」へと変更されて以降、世界各国の拠点も続々と変更していった。しかし、日本では「統一教会」のままだった。国と折り合いがつかなかったからだ。1980年代に「霊感商法」などで問題になった統一教会が名称を変えるというのは、「正体を隠して伝道をするため」との疑念を拭えないということで、名称を変更させて欲しいという教団側の申し出をずっとはね返してきていた。

このあたりの経緯は97年当時、文化庁宗務課長だった元文部科学省事務次官・前川喜平氏が、国会内のヒアリングでこのように述べている。

「宗務課の中で議論した結果、実態が変わっていないのに名前だけ変えることはできないとして、認証できないと伝え、『申請は出さないでください』という対応をした。相手も納得していたと記憶している」

教団側は、教義が大きく変わったので名称を変えたいという。しかし、文化庁側は、実態が変わっていないので認められない。そんなやりとりが長く続いた結果、「世界平和統一家庭連合」という変更が認められたのは18年が経過して２０１５年だった。田中会長は悔しそうな顔をしてつぶやいた。

「名称変更するのは逃げるためだとか言われていますが、まったく違うんです。あれは私たちが〝家庭〟と真剣に向き合うために必要なことだった。でも、それがずっと先延ばしになったことで、〝家庭〟としっかりと向き合うことも先延ばしになってしまったような気がします。もちろん、それは私たちの責任でもあります。あの時、文化庁に認められなくても、もっと本気で教団の名称を変えていたら、信者の意識も変わっていた。そうなっていたら、山上家のような悲劇も起きていなかったのではないか、と今でも反省しています」

「家庭」が起点となったトラブルは「家庭」でしか収束できない

　このような見方には賛同できないという人も多いだろう。教団を追及するジャーナリストや弁護士が聞けば、「まったく話にならない」「反省していない」と非難轟々だろう。

　ただ、彼らと面と向かって「信仰心」について話を聞いて対話してきた私からすれば、「あぁ、会長は本気でそう思っているんだな」という感じでさほど驚くような見解ではない。もちろん、主張のすべてに同意しているわけではないが、彼らがそう考える理由・背景はなんとなく理解ができるようになってきた。だから、頭ごなしに「聞くだけ時間の無駄」「自分たちの都合のいい主張を垂れ流している」とは思わない。むしろ、自分にはまったく理解し難い異なる価値観だからこそ、この人たちが社会に受け入れられるには、どうすればいいのか。歩み寄れるところがないのかを考えたいと思う。

　1時間半のインタビューの最後、田中会長はこんな「目標」を口にした。

「文総裁は、家庭が幸福じゃないと、国は幸福じゃない、国が幸福じゃないと世界平和にならないとおっしゃいました。だから、私たちもそれを実践するためにまずは個々の家庭としっかりと向き合う。それを続けていくことで社会の信頼を回復して、〝家庭の悩みは家庭連合で聞いた方がいいよ〟と言われるような団体になるように努力していきます」

確かに今回の山上被告の事件といい、「小川さゆり」という女性の被害告発といい、高額献金の問題といい、すべては「家庭」が起点となっている。「家庭」が引き起こしたトラブルは、「家庭」の力をもってしてしか収束できないというのは同感だ。

ただ、それは容易なことではない。政府は「解散命令請求」ということで、この教団を本気で潰しにきている。「解散命令が出ても信教の自由は保障される」ということを言うワイドショーコメンテーターもいるが、実際は解散命令が出たら、これまで礼拝などに使っていた教会などの財産も管財人が処分するので、「信教の自由」は大幅に侵害される。集会をする場所がないので市民ホールを借りようとしても、「解散命令を受けたような反社会的な団体には貸せません」となる可能性が高い。解散命令は宗教団体にとって「死刑宣告」にも等しい処分なのだ。

教団を追及するジャーナリストや弁護士の批判もさらに強まっていくだろう。彼らにとって、解散命令はゴールではない。旧統一教会の日本の信者は田中会長を筆頭にすべて「被害者」なので、それらの人々の洗脳を解いて救出すると言っている。つまり、この教団を地上から「殲滅」するまで、彼らの「正義の戦い」は終わらないのだ。

しかし、逆に言えば、このような困難を、もしも乗り越えて生き残ることができたら、この教団は、信者たちはこれまで以上に強くなっていくのではないかとも思った。

ユダヤ教、キリスト教、イスラム教も最初は「新興宗教」だった。敵視する人たちから「異端の宗教」と激しい攻撃を受け、国家に迫害・弾圧されて、それを乗り越えることで世界的な宗教に成長をした。目の前に困難があればあるほど、信者は信仰にのめり込み、団結させていくというのは、江戸時代の「隠れキリシタン」などを見ても明らかだ。

もしかしたら数年後、この教団の人々は「国家の迫害を生き残った宗教団体の鑑」なんて、海外で評価される、という可能性もあるかもしれない。

教団本部を出て渋谷の街を歩きながら、ふとそんなことを夢想した。

終章

勝共連合の正体

「現役信者」の協力なくしてこの本はできなかった

これで今回の私の取材は終わりだ。

「反日カルト」と社会から批判される団体の内部に実際に入ってみて、その教義を信じている人々の話に耳を傾けて、自分の目で見て感じたことをルポしていく――。そんな私の試みは多くの人たちの協力なくしては実現することはできなかった。

田中会長をはじめ、日本の教会本部のサポートがなければ、韓国・清平の「聖地」や龍平リゾートの内部をあそこまで詳しく取材をすることはできなかった。韓国本部で働く職員や韓国国内の信者のみなさんも忙しい時間の合間に、快く私の取材に協力をしてくれた。紙面では触れていない話もたくさんあるが、教団の実情や現役信者のみなさんの多様な考えを知ることができて非常に感謝をしている。

また、国内の信者のみなさんにも大変お世話になった。

今回、50人以上の現役信者にインタビューをしているので実は紙面の中に登場をしていない教会、教団関連施設、信者のみなさんもたくさんいる。

例えば、山形の米沢家庭教会の教会長や信者のみなさんには興味深いお話をたくさん伺った。紙面の中で言及はしていないが、このようなインタビュー取材の積み重ねで、マスコミが報じていなかった教会内部の実情、信者のみなさんの本音を理解することができた。

そのように私がお話を伺った「現役信者」のみなさんすべてに、この場を借りて感謝を申し上げたい。本当にありがとうございました。

「このライターは洗脳されている」という批判はありがたい

また、この企画に理解を示して発表する機会を与えてくれた徳間書店第一制作局 学芸編集部の佐々野慎一郎氏にもお礼を言っておきたい。企画を持ち込んだ出版社の多くが、「反日カルトの異常性を叩く本」を暗に求めてきた中で、佐々野氏は私の意志を尊重して、「書きたいことを書いてください」と言ってくれた。ライター冥利に尽きました。ありがとうございます。

さて、ここまでのルポを読んで、さらに先ほどのような「現役信者への謝辞」を聞くと、おそらくこんな風に感じる人もいらっしゃるかもしれない。

「このライターは旧統一教会とズブズブだ！　マインドコントロールされているので、この本で語られていることも、あちらの一方的な主張をただ垂れ流しているだけだ！」

ただ、私としてはそんな見方をしていただくことはありがたい。できることならそういう批判がもっと盛り上がっていただきたいと思う。というのも実はこれこそが、本書で問題提起したいもうひとつのテーマだからだ。

ここまで読んでいただければわかるように、私は「問題のある組織の中に入って、多くの人たちと膝を付き合わせて対話をする」という取材者として「当たり前」のことしかしていない。それが「洗脳」だとか職業倫理の欠いた行為だと批判されるということは、これまで「ジャーナリスト」と呼ばれる人々や報道機関がその「当たり前」をやっていないということを逆説的に浮かび上がらせることになる。

つまり、この1年以上も巷を騒がしてきた「旧統一教会報道」というのは、教団に騙されていたと被害を訴える元信者、そして身内の入信を快く思っていない家族という「被害者」にだけ取材をしてつくられたもので、私のように教団側の言い分を詳しく聞いていないのである。言うなれば「被害者バイアス」の極めて強い影響を受けた「偏向報道」だということだ。

これは社会として健全なことなのか。戦時中の大政翼賛会ならばいざ知らず、多様な価値観を認め合おうという現代社会で「まとも」なことなのかということを、本書では問題提起したかった。

30年前の話を「現在も行われている」と主張する元信者

そこで誤解していただきたくないのが、「旧統一教会報道」が偏っていて、本書こそが「中立公正」だなどと言っているわけではないということだ。

私の主張も「現役信者」にフォーカスを当てているので当然、「被害者」の視点が欠けた「偏向報道」だ。すべてのジャーナリズム、ドキュメンタリー、ノンフィクション、そして報道というものは、多かれ少なかれすべて偏っていると言いたいのだ。

記者だろうが、ジャーナリストだろうが、筆者のようなライターだろうが、人間である以上、「視点」や「思考」というものは必ず偏る。これまで受けてきた教育や取材者としての経験、生い立ちなどに影響を受けるものなのだ。そこに加えて、「取材」という行為自体が常に「偏向」の罠がある。目の前で話を聞いた人の思考に引っ張られるし、情報源に依存をしてしまうこともある。テレビ、新聞、週刊誌というメディアの仕事を27年間続けてきたが、「ああ、この人は完全に中立公正だな」なんて同業者と出会ったことがない。

そして、そんな「偏向の罠」の代表が、先ほど指摘した「被害者バイアス」だ。もちろん、「被害者」の声を社会に広く届けることは大切だ。しかし、一方で「被害」を訴える人の中には、利害が衝突する組織や人への憎悪が強すぎて、証言を過大に申告をすることが少なくない。つまり、話を盛ってしまう。企業不祥事が起きると、メディアに匿名で登場する「関係者」や「元社員」はその典型だ。

これは昨今の「旧統一教会報道」にも当てはまる。実は筆者は20年ほど前、ある雑誌の編集者をしていて、いわゆる合同結婚式に参加した後に脱会した元信者の手記を担当したことがある。その方が今回も「元信者」としてメディアの取材を受けているのだが、そこで語られる被害の内容や、教団の異常性の描写が、20年前に聞いていた話より、やや「ハード」になっていた。しかも、ご本人が教団にいた30年ほど前のエピソードを、「最近の旧統一教会でも行われている」とメディアで語っていることにも、かなり違和感を抱いた。

国際勝共連合の街宣活動にも密着した。自主憲法制定や共産主義の脅威などを訴えていた。筆者制作のドキュメンタリー「反日と愛国」より

国際勝共連合はなぜ「日本を陰で動かす巨悪」という過大評価をされたのか

もちろん、これは致し方ない部分もある。「被害者」からすれば、とにかく自分を苦しめ、傷付けてきた人や組織に「報復」をしたいので、「正義のためなら多少話を脚色するくらいは許される」という思いがある。問題は、ジャーナリストやメディアが「被害者」が言うことはすべて正しいと言わんばかりに、事実関係を精査することなく一方的に主張を垂れ流してしまうことだ。

これはかなり危うい。「報道」ではなく法を超えた「私刑」になってしまうからだ。メディアが憎悪の感情を煽ることで、国民が「社会に迷惑をかける連中は消えてしまえ」と攻撃的になってしま

う。それが今、日本社会で旧統一教会と現役信者に向けられている「人権侵害」の正体だ、と私は思っている。

そこに加えて、今回ここまで憎悪が高まっているのは、「被害者バイアス」だけではなくもうひとつのバイアスがかかっているからだと、私は考えている。

それは「政治イデオロギー」のバイアスだ。ストレートに言うと、「反自民」「左翼リベラル」という政治信条をもつ人々による、自民党政権批判の攻撃に、今回の「旧統一教会問題」が効果的に利用されてしまった側面があるということだ。

私がそれを強く感じたのは、「国際勝共連合」の取材をしていた時だ。「はじめに」でも述べたように、私はこの政治団体に取材を行い、ドキュメンタリー「反日と愛国」をYouTubeで公開している。

団体で政治活動をしている人々に話を聞き、街宣活動や集会にも参加させてもらった。梶栗正義会長をはじめ、渡辺芳雄副会長、さらにはこの団体と50年来の付き合いのある元自民党栃木県連幹事長　増渕賢一氏などにも話を聞いた。

そのような取材をしてみて正直な感想は、「ネットや反対派の人たちはこの団体をずいぶんと過大評価しているな」というものだった。

安倍政権は「霊感商法」を厳しくジャーナリストらの主張との「矛盾」

組織としての規模も集票力も正直、公明党や神道政治連盟などと比べてずば抜けてあるとも思えなかった。ジャーナリストたちの主張では、自民党と「ズブズブ」で、この政党を陰で操っているという話だが、その客観的な証拠が乏しい。

まず、政策に関して、国際勝共連合が主張しているのは、自主憲法制定やＬＧＢＴ法案や選択的夫婦別姓制度の反対などすべて「日本会議」など他の保守系団体が主張をしていることだ。

一時期、「こども庁」が発足するという動きの最中、名称が「こども家庭庁」に変更になったのが、旧統一教会のカルト思想に基づいたもので、それをズブズブの自民党が受け入れたという話を著名なジャーナリストがテレビで事実のように語っていたが、「家庭」をつけろと強く主張をしていたのは、ほとんどのすべての保守系団体だ。神道政治連盟などは機関紙で「こども庁」創設の動きの背後には、「家庭」を破壊する人々がいると警鐘を鳴らす記事を掲載していたほどだ。その理屈なら、日本の神社はすべて「カルト思想」だ。

例えば、文鮮明氏が構想していた「日韓トンネル」を自民党政権が閣議決定して強引に推し進めたりしたら、国際勝共連合を「日本を陰で操る政界工作組織」という判断をするそれなりの根拠にはなる。しかし、これまでこの政治団体がやってきたことを客観的に見れば、「数多とある保守系政治団体のひとつ」という評価が妥当なのだ。

また、ジャーナリストたちは「自民党への政界工作は旧統一教会の規制逃れのため」と主張するが、これも事実を冷静に俯瞰するとかなり微妙な話だ。

安倍政権は2018年に消費者契約法を改正して、「霊感商法」のような因縁話や心理的圧迫等によって行われた契約を無効にできる、即ちお金を取り戻せるようにする改正をしている。つまり、安倍元首相は「ズブズブ」の旧統一教会をずっとかばってきたという「ストーリー」と完全に矛盾するのだ。

では、なぜ国際勝共連合は「日本を裏で操る巨悪」という過大評価をされているのか。

それはこの政治団体の成り立ちと無関係ではない。「共産主義の脅威」「スパイ防止法の制定」を声高に主張していることが、一部の政治イデオロギーの人たちから目をつけられたのだ。それは私の「直感」や「想像」ではなく、動かし難い歴史的事実だ。

共産党・ミヤケンが吠えた「勝共連合退治は聖戦」

１９６８年に創設された国際勝共連合は、国内保守と連携を強めて共産主義勢力と対峙していく。それを苦々しく思っていたのは日本共産党をはじめとする左翼リベラル勢力だ。１９７８年、京都府知事選挙での敗北を受けて、「ミヤケン」の通称で知られた日本共産党の宮本顕治委員長（当時）は、共産党員らにこのように呼びかけた。

「自民党に対しては〝勝共連合と一緒にやれば反撃をくって損だ〟という状況をつくることが重要。〝勝共連合退治〟の先頭に立つことは、後世の歴史に記録される『聖なる戦い』である」（「赤旗」１９７８年６月８日）

自民党を支持する宗教団体は他にもたくさんあるのに、なぜここまで目の敵にしたのかというと、共産党はもちろん左翼リベラルという政治信条をもつ人々が絶対に許せないある法案の成立を、国際勝共連合は先頭になって訴えていたからだ。

それは「スパイ防止法」だ。

国際勝共連合は78年に「スパイ防止法制定3千万人署名国民運動」を開始し、翌79年に「スパイ防止法制定促進国民会議」創設に参画。都道府県会議を全国に設置し、署名活動の他地方議会での同法案制定請願運動を牽引した。

これがいわゆる左翼リベラル、マスコミの逆鱗に触れた。「人権侵害の恐れがある」と叫ぶ「正義の弁護士」も立ち上がった。その筆頭ともいうべき人が、「旧統一教会と戦い続けた弁護士」と言われる、全国霊感商法対策弁護士連絡会代表世話人を務める山口広氏だ。

はじめにあったのは「霊感商法被害」ではなく「スパイ防止法」

1982年、アメリカに亡命した元KGB少佐が、日本の社会党議員が旧ソ連のスパイ網に属する工作員だと証言。これを国際勝共連合が糾弾すると、社会党は「CIAと国際勝共連合の謀略」と反論をしたので、これを国際勝共連合が名誉毀損で訴えたことがある。この時の社会党の代理人が、山口氏だった。

山口氏と国際勝共連合の因縁はこの後さらに深まっていく。1987年に全国霊感商法対策弁護士連絡会の前身である「霊感商法被害救済担当弁護士連絡会」が立ち上がった時に、山口氏はこのように呼びかけている。

「国際勝共連合創立55周年記念大会」にも潜入取材した。前回の大会と違って現役議員の参加はゼロだった。筆者制作のドキュメンタリー「反日と愛国」より

「『霊感商法』とは、統一教会が組織ぐるみで…『霊』を引きあいに、数百万円以上で売りつけるというもので、そこで得た金は統一教会や勝共連合の国家秘密法（注・スパイ防止法のこと）制定の策動の資金に流れている」（「センターニュース」第2号 1987年1月31日）

今、多くの日本人の認識では、まずはじめに「霊感商法被害」というものが社会的に問題になって、それと戦うために「正義の弁護士」が立ち上がったという順番だろう。

そして、旧統一教会は「霊感商法」をうやむやにするためにフロント組織で自民党への政界工作を始めて、安倍元首相をはじめ「政界汚染」が広がった。そんな「ストーリー」がさまざまなメディアで語られている。

しかし、歴史的事実はだいぶ違う。まずはじめにあったのは「スパイ防止法」なのだ。

旧ソ連をはじめとした共産主義勢力の台頭に警鐘を鳴らして、この法律の必要性を訴えて国民運動をしていた国際勝共連合と、左翼リベラル勢力との「政治闘争」があった後、しばらくしてから「霊感商法被害」が社会に注目された。そして、1987年にこの左翼リベラル勢力とも近しい「正義の弁護士」のみなさんたちの「被害者救済団体」が立ち上がったという流れなのだ。

ちなみに、旧統一教会側が「重大な人権侵害」と主張している、信者を強制的に拉致して改宗するまでマンションの一室に閉じ込める「拉致監禁・強制改宗」が急増したのもちょうどこの時期だ。

旧統一教会VS左翼リベラル 50年続く「戦争」は最終局面へ

そんな昔のことを蒸し返すなという人もいるが、この半世紀前から続く「政治闘争」は、一般庶民が知らないだけで今も「交戦中」だ。

日本共産党の志位和夫委員長は、ジャーナリストの田原総一朗氏と「サンデー毎日」(20

22年11月6日号）で対談した。その際に田原氏から「共産党からすれば統一教会との最終戦争だ」と指摘されると、「長い闘いだった。振り返れば、彼らが反共の先兵として最初に牙を剝いたのは、革新府政を7期28年務めた蜷川虎三京都府知事の後任を選ぶ昭和53年の知事選だった。保守VS革新の大激戦になり、この時に前面に立って謀略的な反共攻撃をしたのが勝共連合だった」と述べて、こう宣言をした。

「今度は決着つけるまでとことんやりますよ」

つまり、日本国民の多くが知らないだけで、実は「反共の先兵」である国際勝共連合、ひいては旧統一教会と、左翼リベラル勢力は半世紀にわたって「戦争」を続けてきたのだ。

そして、この戦いは今、最終局面を迎えている。山上徹也被告という教団に強い憎しみを抱く男が、同じく「反共」のシンボルとされた安倍元首相を殺害した。この「テロ」によって一気に「旧統一教会報道」が盛り上がって、国家が「解散命令」を請求する事態になった。

旧統一教会はこの「50年戦争」で土俵際に追いつめられている。

プロパガンダに踊らされているのは彼らか、我々か

中東のイスラエルとハマスの衝突を見ても明らかなように「戦争」にはプロパガンダが付き物だ。

イスラエルがこんな非人道的な空爆をしている。ハマスは人質やパレスチナの人々を「人間の盾」にしている卑劣なテロ組織だ。そんな風に互いに互いの評価を貶めるような熾烈な「情報戦」を繰り広げている。国際社会を見ても、イスラエル寄りの報道もあれば、ハマス寄りの報道もある。

ならば、旧統一教会と左翼リベラル勢力の「戦争」でも同じような「情報戦」が繰り広げられていると考えるのが当然だろう。

その情報戦の代表が、「旧統一教会報道」だと私は考えている。

なぜテレビには、いつもお馴染みの「元信者」や「妻が入信して家庭が崩壊したと訴える人」などしか出てこないのか。この問題を語る時、なぜいつも決まったジャーナリスト、弁護士にしかコメントが求められないのか。

ジャニーズ問題で30年以上も性加害を黙認していた人々の「中立公正」を鵜呑みにしていいのか。

私のことを「マインドコントロールされているのでは」と疑う気持ちは、プロパガンダが溢れる現代社会において当然の疑念であり、真っ当な感情だと思う。

しかし、そのように疑う心があるのなら、それをそのまま「旧統一教会報道」にも向けていただきたい。イデオロギーを抜きにまっさらな気持ちで眺めれば、こちらの報道もかなり「異常」であることか気づくはずだ。

旧統一教会信者たちを「カルトにマインドコントロールされた哀れな人々」と蔑んでいるそこのあなた、もう一度しっかりと我が身を振り返って自問自答していただきたい。そこまで蔑視しているけれど、本物の信者に会って話をしたことがあるのか。中国人やロシア人の友人や知人がおらず、対話をしたこともないのに、ネット記事やYouTubeで語られる「脅威」を鵜呑みにして中国やロシアに憎悪を抱く人と同じではないのか。あなたの信じる「正義」は、特定のメディアやジャーナリストが言っていることの「受け売り」ではないのか。

もしかしたらあなただって、プロパガンダに踊らされているかもしれませんよ。

PROFILE

窪田順生

くぼた・まさき

テレビ情報番組制作、週刊誌記者、新聞記者、月刊誌編集者を経てノンフィクションライターとして活動中。

主な著書は、日本の政治や企業の広報戦略をテーマにした『スピンドクター "モミ消しのプロ"が駆使する「情報操作」の技術』(講談社+α新書)や、マスコミの偏向報道と世論操作をテーマにした『「愛国」という名の亡国論「日本人すごい」が日本をダメにする』(さくら舎)など。

『14階段——検証 新潟少女9年2カ月監禁事件』(小学館)で第12回小学館ノンフィクション大賞優秀賞を受賞。

現在、ネットメディアで以下のようなコラムを連載中のほか、YouTubeチャンネルも開設。

旧統一教会関連の政治団体「国際勝共連合」の内部に潜入をしたドキュメンタリー「反日と愛国」を公開している。

・情報戦の裏側(ダイヤモンド・オンライン)　毎週木曜更新
・スピン経済の歩き方(ITmedia　ビジネスオンライン)　毎週火曜更新
・ここがヘンだよニッポン企業(All About ニュース)　不定期
・地下メンタリー　https://www.youtube.com/@chika_mentary

Book Design

HOLON

潜入 旧統一教会
「解散命令請求」取材NG最深部の全貌

第1刷　2023年11月30日
第2刷　2023年12月20日

著者
窪田順生

発行者
小宮英行

発行所
株式会社徳間書店
〒141-8202 東京都品川区上大崎3-1-1 目黒セントラルスクエア
電話　編集(03)5403-4344 ／ 販売(049)293-5521
振替　00140-0-44392

印刷・製本
大日本印刷株式会社

ISBN 978-4-19-865718-5